KB193445

생각이 깊어지는
열세 살 우리말 공부

자기 돌봄 5

생각이 깊어지는
열세 살 우리말 공부

글 변택주
그림 이승열

원더박스

여는 말

　중학생이 되었습니다. '중학생'은 '배움 가운데 있는 사람'이라는 말이에요.

　초등학교에서 여섯 해나 배웠으니 배움이 제법 익숙합니다. 그렇지요? 그런데 중학생이 되면 초등학생 때와 배움이 달라져요. 초등학생 때는 '이것은 이렇고 저것은 저렇구나!' 하며 따라 배우기에 바빴다면, 이제는 스스로 '어째서 이것은 이렇고 저것은 저런 것이지?' 갸웃거리며 까닭을 헤아려야 하거든요. 이를테면 '길이와 넓이, 굵기와 크기, 부피와 무게, 높이와 깊이가 어디서 온 말일까?' 하는 따위를 곱씹어 봐야 한다는 말씀입니다.

　이미 생각해 봤다고요? 훌륭해요. 그래도 한번 짚어 볼까요? 길이는 '길다'에서, 깊이는 '깊다'에서, 부피는 '부풀다'에서 왔어요. 나머지는 어디서 왔을지 하나하나 생각해 봐요. 머리를 굴리다가 물음 하나가 떠올랐는지도 모르겠어요. 이를 테면 이런 물음이. '이 낱말들은 길고, 넓고, 굵고, 크고, 부풀고, 무겁고, 높고, 깊은 것만 가져다가 썼네? 왜 짧고, 좁고, 가늘고, 작고, 쪼그라들고, 가볍고, 낮고, 얇은 것은 이름으로 삼지 않았을까?' 어째서 그랬을까요? 땅이 넓어야 벼나 보리 같은 낟알이나 배추나 무 따위 남새를 많이 거둘 수 있고, 나무는 높이 자라 크게 부풀어 올라야 무겁고 옹근 열매가 열리며, 샘이 깊어야 물이 많아요. 먹을거리가 많고 땔감이 넉넉하면 잘살 수 있지요. 어쩌면 옛사람들은 살림에 보탬이 되었으면 좋겠다는 바람을 담아 넓이와 길이, 무게와 부피 같은 말을 지었는지도 모르겠어요.

낱말을 하나 더 짚어 볼까요? '지름'이라는 말은 어디서 왔을까요? 딩동댕! 그래요, 지름은 동그라미를 가로지르는 것을 일컬어요. 에두르지 않고 가로'지르기'에 지름, 재미있지요? 이렇게 갸웃거리며 우리말 줄기를 찾아 들어가다 보면 말뜻이 새록새록 다가와요. 말에 담긴 사람들 마음도 보이기 시작하죠. 또 '내가 쓰는 말이 내 삶을 빚어 나가는구나!' 하고 알게 되어 참된 말을 가려 쓰려고 하게 될 거예요. 참된 말을 써야 내 삶도 참되지기 때문이지요.

이제부터 저하고 우리말을 이리저리 짚어 가면서 말들에

담긴 깊은 뜻을 함께 곱씹어 봐요. 참, 저는 이 책을 펼치는 사람을 누구든지 제가 좋아하는 낱말인 '겨리'라고 하겠어요. 숨결, 물결 같은 말에 들어 있는 '결'을 알지요? 이 땅 사람들은 5세기까지 결을 겨리라고 했어요. 제가 여러분을 겨리라고 부르는 까닭은, 여기에 있는 우리가 모두 한 결이라고 여기기 때문이에요.

이제까지 제가 드린 말씀은 높임말이에요. 높임말 말고 낮춤말이 있다는 것은 알지요? 그밖에 '평어'라고도 하는 '여느말'도 있어요. 여느말은 높낮이 없는 말이에요. 같은 얘기를 높임말과 낮춤말, 여느말로 해 볼게요.

"겨리 씨, 저와 우리말 놀이를 할까요?"(높임말)
"겨리야, 나와 우리말 놀이를 하겠니?"(낮춤말)
"겨리, 나와 우리말 놀이를 하겠어?"(여느말)

어느 말에 더 끌려요? 저는 높임말을 쓰면 거리감이 느껴지고 낮춤말은 가깝지만 거칠게 느껴져요. 그래서 가까우면서도 덤덤한 여느말이 좋아요. 그러니 이제부터 여느말로 할게.

나는 위로 오른다는 말보다 앞으로 나아간다는 말을 좋아해. 위로 오르려는 사람은 '이웃'과 겨루려고 해. 그러나 앞으로 나아가려는 사람은 '지나간 나'와 겨루지. 오스트레일리아 토박이들은 태어난 날을 기리지 않고 무엇을 새로 안 날을 기린다고 해. 새로운 것을 많이 알려면 이웃과 겨뤄야 할까, 아니면 어울려야 할까? 맞아. 여럿이 동무를 이뤄 어울리면서 알아 가면 쉬엄쉬엄하더라도 혼자 죽도록 하기보다 훨씬 아는 것이 많아져. 나하고 만나서 벌써 새로운 것을 알았잖아.

이제 우리, 어깨동무하며 슬기로운 뜻을 벼리는 우리말 놀이마당을 열어 보자.

파르라니 봄이 움트는 날에
무엇을 하든 오래 걸리는 늘보
택주 비손

차례

결

나는 '결'이란 말이 좋아. 결에는 크게 두 가지 뜻이 있어. '어울리다'와 '흐르다'야. 이 두 말을 이름씨로 가다듬으면 '어울림'과 '흐름'이고, 한데 묶으면 '어울려 흐름'이 되어. 어울려 흐르는 데서 이루어지는 것이 결이야. 숨결과 바람결, 물결 따위를 떠올려 봐. 어때? 너와 내 숨이, 여기저기서 모인 바람과 물이 한데 어울려 흐르는 모습이 그려지지?

어떤 결은 거칠고 어떤 결은 고와. 회오리바람이나 비바람, 큰비가 내린 뒤 몰아치는 물결은 거칠어. 이와 달리 살랑살랑 부는 봄바람이나 윤슬이 빛나는 잔잔한 물결은 곱지. 어떤 결이든 거칠어질 때는 누리를 다 삼킬 것 같이 몰아치지만 수그러들면 그지없이 부드러워. 거친 결은 금세 알아차려지고, 잔잔해져 고운 결은 있는지도 모를 만큼 고요해.

동화작가 정리태는 어려서 아버지 손을 잡고 법정 스님이 사시던 불일암에 올라와 "아빠, 바람이 달아."라고 했대. 바람결이 어땠길래 달다고 했을까?

결에서 비롯한 말로 '겨레'가 있어. 같은 땅에서 오래도록 어울려 살면서 같은 말을 쓰며 뜻을 모아 살림살이를 이어가는 무리를 가리키는 말이야. 우리 겨레는 '한겨레'라고 해. '환하고 큰 겨레'라는 뜻이지.

우리 겨레는 정이 많다는 얘기 들어 봤지? '정'은 마음결을 나타내는 말로 '마음 기울여', '마음을 다해'라는 뜻을 담고 있어. 정이 많은 우리 겨레는 만나는 이를 마음을 다해 맞이하고는 했어. 그리하다가 서로 마음에 드는 만남도 있었겠지? 마음에 들면 어떻게 해? 거듭 만나겠지? 그렇게 한 번 두 번 만나다가 정이 든 사이가 되어. 너희가 동무들끼리 그러하듯이 말이야. '정들다'라는 말은 여기서 나왔어.

'정겹다'라는 말도 있어. 정이 겹을 이루었다는 뜻을 담은 말이야. 정이 한 겹이 아니라 두 겹, 세 겹… 열 겹, 백 겹을 이루면 어떨까? 사람 사이에 정이 겹쳐 사이가 도톰해지겠지? 이처럼 정이 깊이 든 사이를 두고 정겹다고 하지.

그럼 정겨운 사이를 가리키는 말은 무엇일까? 너와 내가 맨날 쓰는 말인데… 바로 '우리'야. 우리 집, 우리 엄마, 우리 언니라는 말에서 알 수 있듯이, 우리는 걸림 없이 드나드는

사이를 가리키는 말이야. 높고 낮음을 가리지 않고 너나없는 마음으로 어울리며 아끼는 사이를 일컫지.

이런 우리가 이루는 결은 어떤 모습일까? 우리는 정겨운 사이이니 서로 도두보며 북돋우고, 물들고 물들일 거야. 또 서로에게 마음을 기울이며 부드러운 바람결처럼 정겨운 말결을 건네면서 너나들이 어울릴 거야.

아니라고? 동무들끼리 다투기도 하고, 토라져서 언니나 아우와 말도 섞지 않고, 엄마 아빠는 맨날 공부만 하라고 해서 발소리만 들려도 움찔움찔한다고? 그럴 때도 있겠지. 그렇지만 이렇게 부딪히며 서로 조금씩 알아 가고, 다퉜다가 풀어지기도 하고, 과자도 나눠 먹고, 좋은 곳도 함께 다니고, 힘을 모아 하루하루 지내다 보면 정이 한 겹 두 겹 쌓일 거야. 그렇게 겹겹이 정이 든 우리 삶결은 다디단 바람결처럼 곱지 않겠어?

꿈틀꿈틀

곰지락곰지락 꿈틀꿈틀!

애벌레를 보면 꺅하고 소리 지르니? 징그럽기도 하고, 쏘일 것 같아 무섭기도 하고 그래?

배춧잎에서 옴지락거리는 애벌레를 보다가 이런 생각이 들었어. 저렇게 움직여서 무얼 할 수 있나? 저렇게 기어서 얼마나 갈 수 있겠나? 어른벌레가 될 수는 있으려나? 그렇지만 애벌레는 부지런히 배춧잎을 먹고 자라서 고치를 틀고 들어가 번데기가 되고 어느새 나방이 되어 날아오르지. 작더라도 꿈틀꿈틀 제가 할 수 있는 일을 하나둘 해 나간 탓이야.

여러 해 전에 쓰레기 없애야 하니 포장하지 않고 알맹이만 팔겠다며 '더피커'라는 가게가 문을 열었어. 우리나라에 장바구니는 말할 것도 없이 담을 그릇도 가져가야 물건을 살 수 있는 가게가 처음 생긴 거야. 이어서 생긴 알맹상점은 알맹이만 파는 데서 그치지 않고 고쳐 쓰도록 하는 따위 일을 거듭 이어 가고 있어. 아울러 버려지는 플라스틱 쓰레기를 그것을 만들어 판 기업들이 거둬 가도록 하는 데도 힘쓰지. 이를테면 우산살 고치기를 배우는 자리를 마련해 망가진 우산을 고쳐 쓰게 하고, 정수기 회사를 설득해서 필터 플라스틱 껍데기를 거둬다가 되살려 쓰도록 했어. 이런 가게 마흔세 곳이 한 해 동안 축구장 크기 다섯 개만 한 솔숲을 만들어 낸 것과 같은 힘을 냈대. 놀랍지? 외톨이 하나가 불쑥 나타나 옴지락옴지락 꿈틀대던 게 엊그제 같은데 어느새 이렇게 멋진 결을 이뤘네! 아직도 비틀비틀 여린 걸음으로 갈 길이 멀지만, 그래도 이게 어디야.

그레타 툰베리 알지? 금요일에 학교 가지 않고 기후가 더 나빠지지 않게 해야 한다며 나섰던 스웨덴 아이. 견딜 수 없다고, 우리 앞날을 앗아가지 말라고 목청 돋우며 꾸준하게 꿈틀거렸지. 유엔에 간 그레타 툰베리는 "그대들은 헛된 말로 내 꿈과 어린 시절을 빼앗았다. … 모든 아이 눈이 여러분을 지켜보고 있다. 여기서 벗어나 빠져나가도록 내버려두지 않을 것"이라고 외쳤어.

우리도 나서야겠지? 우리 앞날을 지키는 일에! 처음 혼자 꿈틀거릴 때는 그저 가벼운 몸부림에 지나지 않을지 모르지만, 굽히지 않고 하나둘 모여서 더불어 꿈틀거리다 보면 큰 물결을 이루어 흐름을 바꾸게 될 거야. 그래야 다 망가지고 무너지는 쪽으로 흐르는 시간을 멈춰 세울 수 있어.

꿈틀꿈틀을 반으로 쪼갠 '꿈틀'도 있어. 꿈틀꿈틀은 몸을 구부리거나 비틀며 '자꾸' 움직이는 모양이고, 꿈틀은 이 뜻에서 '자꾸'만 빠진 뜻을 담고 있지. 나는 꿈틀을 '꿈을 이루는 틀'이라고도 받아들여. 이리저리 머리 굴려 생각만 하고 움직이지 않으면 꿈을 이룰 수 없어. 꿈을 이루려면 나서서 움직여야지. 그래서 나는 작은 몸짓인 꿈틀보다 더 거룩한 것이 많지 않다고 봐.

너도 바꾸고 싶은 게 있지? 네 뜻을 내걸고 꿈틀꿈틀해 봐. 꿈틀거리다 보면 동트듯이 꿈도 트일 테니까.

남

나 아닌 다른 사람을 '남'이라고 불러. 이 글자를 가만히 들여다본 적 있니? 내 눈에 남은 ㅁ(미음)이 나를 받치고 있는 모습으로 보여. 그래서 남은 '나를 받쳐 주고 나를 북돋아 주는 사람'이라는 뜻을 담은 말 아닐까 하고 생각하지.

내 몸은 어디서 왔을까? 몸은 아기 보(포궁)에서 만난 씨(정자)와 알(난자)이 엄마 살을 이어받아 자란 거야. 그런데 엄마는 나 아닌 남이지. 남에게 받아 내 몸이 이루어졌다는 뜻이야. 프랑스에는 이런 속담도 있대. "네가 누구인지 알고 싶으냐? 그럼 네가 뭘 먹었는지, 누구를 만나서 무슨 말을 듣고, 뭘 읽었는지 알려다오. 그러면 네가 누구인지 알려 주마." 나는 내가 아닌 남으로 이루어진다는 말이야.

얼굴 한 번 본 적 없는 사람인데도 나를 살리는 사람이 수

두룩해. 아침에 먹은 밥에 들어간 쌀을 지은 사람, 내가 입고 있는 옷을 지은 이, 흐릿하던 앞이 또렷이 보이도록 안경을 만들고 파는 사람, 이 글을 쓰는 노트북을 만든 수많은 이들, 택배 기사, 마트나 편의점에서 물건 파는 사람, 버려진 종이를 비롯해 되살릴 수 있는 쓰레기를 줍는 이, 내가 타고 다니는 버스나 전철을 만들고 모는 사람들처럼 손에 꼽을 수 없을 만큼 많은 이가 나를 살리는 남이야.

내가 글 짓는 사람이 될 수 있었던 것도, 나보다 앞서서 글을 짓고 책을 펴내 디딤돌이 되어 준 남들과 나를 북돋우며 품어 준 남들 탓이야. 나는 네가 있기에 내가 되어. 너를 만나서 내 눈이 뜨이고 새로워지지. 또 삶을 넓고, 높고, 크게 가꾸어 갈 수 있지.

남이 나를 받쳐 주어 나를 이루게 하는 만큼 나도 남을 받쳐 주어 남을 이루도록 하고 있어. 우리가 서로 있는 까닭, 어울려 살 수밖에 없는 까닭이야. 서로 있어야 이룰 수 있는 사이이니 서로 없으면 살 수 없는 사이야.

이렇게 보면 무엇이 나이고, 무엇이 너일까? 나를 나라고만 하고, 너를 너라고만 해야 할까? 서로 떨어질 수 없는 나는 너이고, 너는 나야.

넉넉하다

"품이 넉넉하니 좋다."

어려서 어머니가 설빔을 사 주면서 한 말이야. 그런데 그 옷은 품만 넉넉한 것이 아니라 소매도 길어 걷어 입어야 했어. 새로 산 신발도 헐거워서 걸을 때마다 덜컥거렸지. 왜 어머니는 몸에 딱 맞는 옷과 신발을 사지 않았을까? 전쟁을 겪고 나서 모든 것이 모자랄 때여서 한번 사면 오래 입어야 해서 그랬어.

'넉넉하다'는 꽉 끼거나 모자라지 않다는 말로 '너르다'에서 왔어. 무엇이 꽉 들어차 있을 때는 넉넉하다고 하지 않아. 비어 있을 때 넉넉하다고 하지. 이렇게 비어 있어 넉넉하면 아름다워. '여백 미'라는 말 들어 봤지? 예로부터 내려오는 우리나라 그림에는 여백 미가 있다고 하잖아. 여백 미가 있다는 건 빈구석이 많아 아름답다는 말이야.

'넉넉하다'에 담긴 뜻을 조금 더 짚어 볼까? 시간이 넉넉하다는 말은 얼른 해야 할 일이 없다는 말이야. 마음이 넉넉하다는 말은 저만 챙기려는 뜻이 없이 제가 가진 것을 기꺼이 남과 나눈다는 말이고.

그런데 요즘 사람들은 '넉넉하다'를 먹고 쓸 것이 많아 넘쳐 난다는 뜻으로만 받아들이곤 해. 이런 걸 보면서 넉넉하다는 말은 제게 담긴 뜻을 좁게만 받아들인 사람들에게 섭섭해할 것 같아.

기독교에 "마음이 가난한 이는 누릴 수 있나니 하늘나라가 저희 것임이요."라는 말씀이 있어. 오래도록 이 말씀에 무슨 뜻이 담겼는지 몰랐어. 그래서 이따금 이 말씀을 이리 곱씹고 저리 새겼지. 그러다가 무릎을 탁 쳤어. '아! 마음이 가난한 이란 마음을 비운 사람이라는 말씀이구나!' 마음에 '나'를 가득 채우고 있는 사람은 제 생각에 빠져서 다른 사람이 겪는 어려움을 알아차릴 겨를이 없어. 그러나 마음에서 '나'를 비운 사람이라면 어떨까? 그 빈 넉넉한 마음에 어려움을 겪는 이웃을 담을 수 있지 않겠어?

온갖 어려움을 겪는 이들이 다 눈에 밟혀 선뜻 나선 예수님이나 부처님 같은 분들이 바로 '나'를 말끔하게 비워 없애서 마음이 넉넉한 분들이야. 예수님은 "오른손이 한 일을 왼

손이 모르게 하라"고 했고, 부처님은 "주었다는 생각도 내지 말고 주라"고 했어. 뜻깊은 일을 하더라도 '내가 했다. 그러니 나는 훌륭하다!' 같은 생각을 품지 말라는 말씀이지. 유영모라는 분은 '더럽다'라는 말을 '덜없다'로 받아들이셨어. 남에게 무엇을 주고 나서 주었다는 생각을 싹 다 없애지 못했다면 '없다'가 되지 못하고 '덜' 없으니 더럽다는 말씀이야.

그럼 마음이 가난하여 넉넉하게 쓰려면 어떻게 첫발을 내디뎌야 할까? 재활용 쓰레기를 잘 가려 내놓는 것부터 해 보면 어때? 나 편하자고 다른 사람과 지구가 겪을 힘듦은 아랑곳하지 않고 무심코 버리는 걸 그만두자는 얘기야. 플라스틱병에 붙은 상표를 물에 잘 불려서 떼어 낸 다음 뚜껑과 병을 따로 가려서 내놓고, 검정 플라스틱 그릇과 김칫국물이 밴 스티로폼은 되살려 쓸 수 없으니 일반 쓰레기로 버리는 따위를 하나하나 짚어 가면서 하는 거야. 그리고 거리에 쓰레기를 버리지 않는 데서 한 걸음 나아가 눈에 띄는 쓰레기를 주워도 보고, 쓰레기가 생길 만한 일도 덜 만들자.

고마운 것을 찾아 고맙다고 말하는 건 어떨까? 이를테면 버스에 오르면서 운전기사에게 태우러 와 줘서 고맙다고 말을 건네는 거야. 내 돈 내고 내가 버스 타는데 뭐가 고맙냐고 생각할지도 모르지만, 돈이 있으면 뭐 해 버스가 안 오면 탈 수 없는걸. 이처럼 내가 한다고 생각하는 것은 모두, 알고 보면 다른 것이 있어 주어서 누릴 수 있는 거야. 따라서 고마운 것들을 찾다 보면 '나'라는 생각이 점점 비워지지.

나를 비우고 마음에 이웃을 담는 일에는 또 무엇이 있을까? 생각나거나 찾아낸 것이 있으면 내게도 알려 줄래?

다지다

'다지다'는 누르고 밟아 단단하게 한다는 뜻을 담은 말이야. 물렁물렁 쿨렁쿨렁 하는 땅에 서면 발이 푹푹 빠지고 자꾸 넘어질 것 같아서 마음이 조마조마할 거야. 그런 땅을 단단하게 다진 뒤에 서면 두 발이 착 붙어서 몸이 흔들리지 않고 마음도 차분차분해질 테고.

물렁물렁한 땅처럼 몸도 흐느적거릴 때가 있어. 다섯 해쯤 지난 일일까? 비 온 뒤 걷다가 미끄러운 땅을 밟아 털퍼덕 주저앉고 말았어. 그 바람에 허리뼈가 눌려 한참 고생했지. 또 다칠까 조심스러워서 세 해쯤 몸을 잘 놀리지 않았더니, 오른쪽 다릿심이 없어 걸을 때 다리가 자꾸 벌어졌어. 그래서 하루에 천 번씩 발끝 부딪치기 운동을 했더니 일주일도 되지 않아 걸을 때 오른 다리를 똑바로 뻗게 되었지. 이렇게 몸을 다질 수 있어. 골고루 든든하게 먹고, 때맞춰 운동하고 쉬고 자면 돼. 간단하지?

그럼 마음도 다질 수 있을까? 물론이야. 마음을 다지려면 좋은 뜻을 내고 그 뜻에 따라 힘껏 살면 돼. 밤하늘에 뜬 북극성이 뱃사람에게 길잡이가 되어 주듯, 네가 낸 뜻이 네 마음을 단단히 잡고 길을 알려 줄 거야. 그런데 뜻이 흔들릴 수도 있겠지? 그러니 하루 세 끼 밥 먹듯 뜻을 떠올리고 새겨야해. 또 잠들기에 앞서 하루 동안 일어났던 일을 되돌아보면서 잘못한 것을 뉘우치고 다시는 그렇게 하지 않겠다고 다지고, 잘한 것은 잘했다고 다독이며 앞으로 더 힘껏 하겠다고 다져야 해.

내게도 스스로 하는 다짐이 있어. 그렇게 바라봐서 그런지 몰라도 세상이 점점 더 나빠지는 것 같다는 생각을 떨칠 수 없더라고. 그래서 '세상을 더 좋아지도록 하지는 못할망정 더 나쁘게는 만들지 말자.' 하고 다짐하고서 밥도 적게 먹고 옷도 적게 사. 아울러 아침에는 이웃들이 오늘도 잘 누리기를, 저녁에는 하루를 잘 마무리한 동무들이 마음 놓고 푹 잠들기를 빌지. 나는 우리 모두 서로 어우렁더우렁 살아가는 세상을 꿈꾸거든.

나는 네가 몸과 마음이 잘 다져지지 않는다고 쫓기지 않았으면 좋겠어. 나는 서른 해 가까이 맨날 몸과 마음을 다지는데도 아직 출렁출렁 흔들흔들 하고는 해. 그렇지만 이렇게 책을 쓰는 사람이 되었으니 그럭저럭 괜찮게 사는 것 같아. 너도 그럴 거라고 믿어. 아니 나보다 훨씬 일찍 다지기를 시작했으니 나보다 더 잘할 거야.

닮다

"이제 중학생답게 할 때가 되지 않았니?"

나이 한 살 더 먹었을 뿐인데 어른들이 너를 바라보는 눈길이 달라졌을 거야. 너무 갑작스럽게 달라지니 어리둥절하지? 아직 초등학생 같은 마음도 들고, 어떻게 해야 중학생다운 건지도 모르겠는데 자꾸 달라져야 한다는 말을 들으니 너도 참 답답하겠다.

무엇이 중학생다운 걸까? 먼저 '중학생' 뒤에 붙은 '-다운'을 살펴보자. '-다운'은 '-답다'가 이름씨에 붙어 모습을 바꾼 거야. '-답다'를 볼 때 나는 글자 모양이 닮은 '닿다'가 떠올라. 어른이 참된 어른에 닿았을 때 '어른답다'고 하고, 아이가 참된 아이에 닿았을 때 '아이답다'고 한 것 같거든. 어때, 그럴싸하지?

잠시 샛길로 빠져서 '-답다'가 붙어 생겨난 말들을 살펴볼까? '아름답다'는 생김새가 눈에 들어올 만큼 곱거나, 하는 일이나 마음씨 따위가 훌륭하고 갸륵한 데가 있다는 말이야. '정답다'는 마음이 따뜻하거나 마음결이 곱다는 말이고. '시름답다'란 말은 처음 들어보지? 마음에 걸린 것이 풀리지 않아 속을 태운다는 말이야. 시름을 겹쳐 써서 '시름시름'이라고 하면 앓는다는 말이지.

그런데 아이가 어른처럼 굴어도 어른답다고 할까? 아니야. 이때는 '어른스럽다'고 해. 마찬가지로 어른이 아이처럼 굴어도 유치하다고 할지언정 아이답다고는 하지 않지. '-답다'는 남이 갖춰야 할 것이 아니라 제가 갖춰야 할 것을 고루 갖췄을 때 쓰는 말이기 때문이야.

이제 하던 얘기로 돌아가 중학생다운 게 뭔지 알아보자. 어른들이 네게 중학생답게 하라고 말한다면, 그 말엔 보통 이런 뜻이 담겨 있을 거야. 공부에도 마음 쓰고, 방도 깨끗이 하고, 빨랫감도 알아서 내놓고, 용돈도 계획에 맞춰 쓰라는 따위 말이야.

그렇지만 이것만이 중학생다운 건 아냐. 앞서 보았듯 '-답다'는 제가 갖춰야 할 것을 고루 갖췄을 때 쓰는 말이잖아. 따라서 어른들이 말씀하는 중학생다움을 좇거나, 네 눈에 훌륭해 보이는 동무를 따라하기보다는, 네 중학생다움을 스스로 세워 나가는 게 좋다고 생각해. 이제부터 스스로 앞가림해 나가는 거야.

너는 어떤 '-다움'을 품고 싶니? 너를 맘껏 펼쳐 보일 수 있는 '-다움'들을 떠올려 보자.

더, 덜, 덤 ✳

8월 중순인데도 날이 몹시 더워. 예전에는 8월 초만 벗어나면 강릉이나 속초 바다에는 들어갈 수 없을 만큼 물이 차가웠는데 요즘엔 그렇지도 않대. 그래도 머잖아 더위는 곧 가실 테지. 다음 달 중순이 한가위니까.

한가위 하면 떠오르는 말이 있어. "더도 덜도 말고 한가위만 같아라." 사람들이 대부분 농사짓던 시절, 살림이 어려운 집이라도 무르익은 낟알이나 과일을 거둬들이는 가을만큼은 잠깐이라도 넉넉하기에 나온 말이야.

'더'는 두말할 것도 없이 '더하기'를, '덜'은 '덜어 내기'를 일컫지. '더'는 이미 가진 것에 덧붙이고 얹는다는 뜻이, '덜'은 가지고 있는 데서 덜어서 나눈다는 뜻이 담겼어. 아무것도 없는 데다가는 더할 수 없고, 아무것도 없는 데서는 덜어 낼 수 없듯이 '더'와 '덜'은 있는 것에 붙어 나오는 말이야.

우리는 흔히 덜기보다는 더하기에 끌려. 힘이 더 세지기를 바라고, 더 알기를 바라고, 돈을 비롯한 재물이 더 많아지기를 그리면서 살지. 힘이 세지려고 애쓰고 더 알겠다고 힘쓰는 것은 좋아. 그러나 대를 이어 먹고살 걱정이 없을 만큼 많이 가진 이들이 굶주리는 사람들이 가져갈 것들을 하나라도 더 빼앗으려고 몸부림친다면 꼴사납지 않을까? 이와 달리 동무들과 서로 더 아끼고 더 기뻐하고 더 웃으며 더 누리려고 한다면 나무랄 수 없겠지.

무엇을 하든 이제보다 더 나아지기를 바라는 것은 누구나 마찬가지야. 그렇지만 남보다 나아지려고 발버둥 치기보다는 오늘에 사는 나보다 내일을 살아갈 내가 더 나아지기를 바라야 바람직해. 오늘보다 내일이 나아지려면 더 가져야 할까? 꼭 그렇지는 않아. 기쁨이나 즐거움 따위는 더하면 좋겠으나 슬픔이나 아픔 따위는 더는 게 나을 거야.

지구가 점점 뜨거워져서 기후 재앙이라는 말이 나날을 파고든 지 오래인 지금, 덜어 내지 않고서는 바람직한 내일이 없어. 그런데도 우리는 '조금 더 조금만 더' 하면서 내일을 짓뭉개고 있어. 이제라도 그만두어야 해. 몸이 좀 아프다고 몸을 버리는 사람은 없듯이 낡고 고장났다고 마구 버려서는 안 되어. 새록새록 새것을 찾기보다 있는 것을 아껴 쓰

고 고쳐 쓰고 살려 써야 해. 더 먹고 더 쓰고 더 버리려고 하기보다 덜 먹고 덜 쓰고 덜 버리면서 살아야 앞날을 살려 낼 수 있어. 또 무얼 자꾸 새로 만들어 쓰기보다 서로 제가 가진 것을 덜어 내어 나누며 보듬어야 해. 이보다 더 잘 사는 길은 없어. 덜어 내어 더 넉넉해지는 길이지.

그런데 여기 푸근해지는 더하기도 있어. '덤'이야. 물건을 살 때 더 얹어 주는 것을 가리키는 말이지. 곱씹어보면 더 준다는 뜻을 가진 덤은 '더'보다는 '덜'에 가까워. 내가 가진 것을 값을 쳐서 받지 않고 거저 덜어 나눈다는 말이니까.

같은 덤인데 결이 썩 다른 말이 있어. '덤터기'야. 덤터기는 내가 남에게 넘겨 씌우거나 남이 내게 덮어씌운 허물이나 걱정거리를 일컬어. 덤은 얼마든지 반기지만 덤터기를 덮어쓰면 좋지 않겠지? "남이 떠받들어 주기를 바라느냐? 그만큼 남을 떠받들라!"라고 한 예수님 말씀처럼 내가 좋은 것은 나눠도 좋지만 내가 싫은 건 남에게도 해선 안 돼.

너는 앞으로 살아가면서 무엇을 더하고 무엇을 덜어 낼 거야? 네가 무엇을 고를지 무척 궁금하다.

돈

돈을 어떻게 생각해? 좋아한다고? 좋고말고.

많은 사람이 좋아해서 그런지 돈에 빗댄 얘기가 참 많아. "돈에 침 뱉는 놈 없다", "돈이라면 호랑이 눈썹이라도 빼 온다", "돈 없으면 적막강산이요 돈 있으면 금수강산이라" 따위는 돈을 높이는 말이지. "돈은 있다가도 없고 없다가도 있는 법이라"는 돈에 임자가 따로 없으니 돈이 있다고 너무 재서는 안 된다는 말이고. "돈 놓고는 못 웃어도 아이 놓고는 웃는다", "돈 주고 못 살 기개" 따위는 돈으로 할 수 없는 일도 많다는 걸 넌지시 일러 줘.

돈을 만든 까닭을 슬쩍 살펴볼게. 어떤 사람이 사과밭에 살았어. 사과는 남아도는데 먹을 쌀이 없어서 사과를 들고 나가 쌀로 바꿨지. 때로는 호미와 바꾸기도 하고 달걀하고도 바꿨어. 그런데 무엇이 있었으면 좋겠다고 생각할 때마다 사과를 들고 다니면서 바꾸려니 번거로웠어. 사과를 찾는 사람이 내가 찾는 호미를 가지고 있어야 했으니 만나기 쉽지 않았을 거야. 그걸 견디지 못한 사람들이 만든 것이 바로 돈이야.

돈은 있어야 할 것과 있어야 할 것을 이어 주는 다리야. 배고픈 사람을 만나 밥과 바꾸고, 울적한 사람을 만나 기분을 풀어 주는 노래나 영화와 바꾸고, 아픈 사람을 만나 약과 바뀌면서 우리를 아우르지. 돈을 주고 쌀을 사면 그 돈은 쌀 파는 사람을 비롯해 쌀을 실어다 주는 자동차를 모는 사람에게 나뉘고, 농부에게도 돌아가. 농부는 이 돈으로 책을 사서 보기도 하고, 농기구를 사거나 빌리는 데 쓰기도 하며, 학교 다니는 아이 등록금으로 내기도 해. 한 곳에 묶여 있지 않고 이 사람 저 사람 품으로 돌고 도는 돈은 여러 사람을 두루 살리어.

퍽 오래전, 모든 것 가운데에 사람을 두는 스님이 계셨어. 구한말과 일제강점기를 산 혜월 스님이야. 이 스님이 마을 사람에게 기름진 논 다섯 마지기를 헐값에 팔았어. 그 돈으로 산에 다랑논을 만들기로 했지. 나무를 베고 풀을 뽑고 돌을 캐내고 둑을 쌓아 논을 만들려고 부지런히 일하던 이들이 한낮이 지나니까 슬슬 꾀가 났어. 스님에게 "법문 한자리

해 주세요." 하고 졸랐지. 이렁저렁 나눠 주는 말씀을 듣다 보면 그럭저럭 또 하루해가 저물거든. 이렇게 쉬며 놀며 일하다 보니 품삯으로 기름진 논 다섯 마지기 판 돈이 다 들어 갔는데도 만든 논은 겨우 세 마지기였어. 그래도 스님은 아침마다 산에 올라가 논을 내려다보며 흐뭇해했어. 보다 못한 젊은 스님 하나가 퇴박을 놓았지.

"스님, 기름진 논을 다섯 마지기나 팔아서 산비탈 자갈논, 비가 제때 오지 않으면 농사를 그르치는 논을 겨우 세 마지기밖에 만들지 못했잖아요. 그런데 뭐가 좋다고 아침마다 싱글벙글하세요?"

"이놈아, 기름진 논 다섯 마지기는 그대로 있지, 논 판 돈은 일꾼들이 품삯으로 받아 잘 먹고 잘살았지, 게다가 산비탈에 없던 논이 세 마지기나 새로 생겼으니, 이보다 더 남는 장사가 어디에 있다고 그리 펄펄 뛰느냐?"

제 것만 보이는 여느 사람 눈에는 기름진 논 다섯 마지기 판 돈이 논을 일구는 품삯으로 다 들어가고 메마른 논 세 마지기만 덩그러니 남았으니 이만저만 밑진 게 아니야. 그러나 혜월 스님은 논 판 돈으로 일꾼들이 먹고살고, 기름진 다섯 마지기 논에서는 해마다 벼를 거둘 수 있으며, 없던 논 세 마지기에서는 적더라도 쌀이 나올 것이니 더 넉넉해졌다고 본 것이야.

잘 쓴 돈은 서로가 품은 마음을 알리는 다리가 되기도 하고, 서로를 이어 주는 끈이 되기도 하며, 살기 힘든 이들이 어려움에서 벗어날 든든한 버팀목이 되기도 해. 그렇지만 돈을 잘못 쓰면 삶을 지치게 하고 무너뜨려. 돈이 사람 사이에 들어와 사이가 깨지기도 해. 돈은 가지고 또 가져도 거듭 모자란다고 여겨 허겁지겁 돈을 따르도록 만들기도 하지. 이렇게 모질어진 돈은 임자인 사람을 돈에 매인 머슴으로 굴러 떨어뜨리거나 죽음으로 내몰기도 해. 그렇지만 찬찬히 짚어보면 잘못은 돈이 아니라 쓰는 사람이 하지.

돈을 잘 쓰려면 어떻게 해야 할까? 곰곰이 오래 궁리한 끝에 네가 만나게 될 답이 궁금하다.

동무

너희는 같이 자란 아이나 한 반에서 배우는 아이를 친구라고 하지? 나 어려서는 동무라고 했어. 어려서부터 같이 자란 동무를 소꿉동무, 같이 노는 동무를 어깨동무라고 하고, 글을 같이 배우면 글동무, 함께 길을 가면 길동무, 말을 잘 섞을 수 있으면 말동무라고 했지. 씨앗처럼 어디에 내놓기 아까운 동무는 씨동무라고 하고. 동무들과 어깨동무하고는 "어깨동무 씨동무, 미나리밭에 앉았다!" 하면서 다리를 쪼그리고 앉았다 일어나던 놀이가 떠올라. 예전에는 사귀자는 말도 "동무하자."라고 했어.

내가 다니던 초등학교 교가 노랫말은 "삼월 삼짇 제비들도 한마음 한뜻. 구월 구일 기러기도 한마음 한뜻. 높은 산 깊은 바다 머나먼 길도 한마음 한뜻으로 다다른다네. 서로

손잡자 공덕 동무야 함께 뭉치자 공덕 동무야."였어. 그런데 초등학교 3학년 가을에 '공덕 동무야'를 '공덕 어린이'로 바꿔 부르라고 했지. 우리 정부가 북녘 사람들이 동무라는 말을 쓰니까 우리는 동무라고 해서는 안 된다고 막아섰기 때문이야.

나는 동무 하면 저절로 '사이좋다'란 말이 떠올라. 어떤 사이라야 좋은 사이일까? 법정 스님은 저마다 제 세계를 가꾸면서 어울려야 좋은 사이라고 했어. 서로 제빛을 잃지 않으면서 어울릴 때 결 고운 동무 사이를 이룰 수 있다는 말씀이야. 스님은 동무 사이는 "한 자락에 떨면서도 따로따로 떨어져 있는 거문고 줄"처럼 붙어 있으면 소리를 낼 수 없다고도 했어. 두꺼운 옷 하나를 걸쳐 입기보다는 얇은 옷을 여럿 겹쳐 입을 때 옷과 옷 사이가 떠서 더 따뜻하듯이, 동무 사이도 지나치게 가깝지 않아야 서로 그윽하니 어울릴 수 있다는 말씀이지.

2024년 파리 올림픽 스케이트보드 경기에서 금메달을 딴 열네 살 소녀 아리사 트루는 오스트레일리아로 돌아가는 비행기에서 제게 주어진 비즈니스석을 마다했다고 해. 오스트레일리아에서는 메달을 딴 선수들은 비즈니스석에 앉고 나머지 선수들은 이코노미석에 앉도록 했어. 그런데 트루는 가까운 동무들과 함께 오고 싶어서 이코노미석에 앉았다는 거지. 프랑스에서 오스트레일리아까지는 스무 시간이 넘게 걸리는 먼 거리였는데도 말이야. 놀랍지?

나는 동무가 동그라미나 동아리처럼 동그랗게 어우러진다는 뜻에서 나온 말이라고 받아들여. 동무들과 동그랗게 어울린다면 슬픔은 반으로 줄고 기쁨은 곱절로 늘어날 거야.

든든, 튼튼, 단단, 탄탄

"속이 든든하도록 아침밥을 먹어야 몸이 튼튼한 법이야."

할머니한테 심심치 않게 듣는 말이지? 든든하게 먹고 잘 놀아 힘살(근육)이 탄탄해지면 몸도 튼튼해져. 튼튼한 몸에서 튼튼한 마음이 나와서 단단한 뜻을 세울 수도 있고.

든든과 튼튼, 단단과 탄탄. 서로 생김새가 닮지 않았니? 이 말들은 생김새만 닮은 게 아니라 뜻줄기도 서로 이어져. 이처럼 우리말 가운데는 하나를 당기면 고구마 줄기에 달린 고구마처럼 이어진 말들이 줄줄이 달려 나오는 것이 많아. 그 말들을 따라 생각도 이리저리 줄기를 뻗어 나가지.

그런데 먹을 것을 먹어 뱃속이 들어차서 든든하다고 했을까? 사전을 살펴보자.

든든하다

① 넉넉히 먹어서 배가 부르다. 또는 넉넉히 입어서 춥지 않다. "밥 든든히 먹고 나와."

② 짜임새나 생김새가 굳고 튼튼하다. "바탕이 든든해야 좋은 건물을 짓지."

③ 기댈 수 있을 만큼 믿음직스럽다. "아이가 저토록 잘 자랐으니 퍽 든든하겠어요."

③번 보기를 보고 '듬직하다'는 말이 떠올랐어. 듬직하다는 '든든하고 믿을 만하다'는 말이야. 바위 따위를 보고 듬직하다고도 하지. 크고 묵직하니 굳건하다는 뜻으로 '튼튼하다'라는 말과 이어져. '튼튼하다'는

튼튼하다

① 짜임새나 됨됨이가 아주 단단하고 굳세다. "튼튼한 책상."

② 몸이 단단하고 탈이 잘 나지 않는다. "골고루 먹어야 몸이 튼튼해져요."

라고 사전에 풀어져 있어. 찾아보는 김에 '단단하다'도 살펴볼까?

단단하다

① 깨지거나 부서지지 않을 만큼 매우 굳다. "호두 껍데기는 무척 단단해."

② 매거나 조인 것이 헐겁거나 느슨하지 않고 튼튼하다. "나사를 단단히 조여."

③ 마음, 뜻, 태도 들이 굳세거나 야무지다. "마음 단단하게 먹고 물에 뛰어들었어."

④ 상태나 정도가 심하다. "학교에도 못 나온 것으로 보아 감기에 단단히 걸린 모양이다."

"단단한 땅에 물 고인다"라는 속담도 있지. '단단하다'보다 센 말이 '탄탄하다'야.

탄탄하다

① 몸이나 물건이 다부지고 단단하다. "삼촌 팔뚝 좀 봐. 참으로 탄탄하네."

② 바탕이나 얼개가 쉽게 무너지거나 흔들리지 않을 만큼 튼튼하다. "그렇게 탄탄한 회사가 망하다니 믿어지지 않아."

튼튼해진 몸과 단단해진 뜻으로 누구에게 든든한 언덕

이 될 수 있다면 얼마나 좋을까? 어떻게 해야 튼튼한 몸과 단단한 마음을 기를 수 있을지 곰곰이 생각해서 한 가지씩 해 보자.

말

우리가 말을 하게 된 까닭은 어디에 있을까?

사람은 네발 달린 짐승보다 느리고 힘도 세지 않으며 날카로운 발톱도 없어. 그러니 살아남기 쉽지 않았지. 더구나 나처럼 다리를 절어 빨리 달리지 못하는 이였다면 사냥은커녕 사나운 짐승에게 잡아먹히지 않을까 두려워 벌벌 떨기만 했을 테지. 이렇게 들짐승보다 여린 몸으로 살아남으려면 어떻게 해야 했을까? 서로 힘을 모아야 했을 거야.

혼자서 살아간다면 말을 해야 할 까닭이 없어. 혼자 살아남기에 힘에 부친 이들이 모여 살아가려니 뜻을 나눠야 했지. "나는 짐승을 잘 잡을 수 없어. 그렇지만 잡은 짐승 가죽을 벗기고 다듬어 굽는 것은 잘할 수 있지. 그러니 네가 짐승을 잡아 오면 내가 다듬어서 같이 먹으면 좋지 않을까?" 하거나 "나는 힘도 세지 않을뿐더러 잘 달리지도 못하니 채소를 가꾸고 열매를 딸게. 그러니 힘이 센 너는 짐승을 잡아 와서 나와 바꾸어 먹지 않으련?" 또는 "우리는 짐승을 골짜기 아래로 몰 테니 날랜 너희가 골짜기 아래 숨어 있다가 몰려온 짐승을 잽싸게 잡으면 어때?" 하고 뜻을 드러냈을 거야.

말은 사람과 사람을 이어 주어. 사람과 사람 사이에 말이 어리고 차올라 상처가 아물 듯 벌어진 틈새를 메우는 거지. 그렇지만 어떤 말은 메워진 틈새를 파헤쳐 사이를 벌리기도 해. 그래서 우리는 말을 잘 부려야 하지.

말을 제대로 부리려면 발을 잘 부려야 해. 걸음걸음을 어디로 떼어 놓느냐에 따라, 그러니까 무엇을 보고 누구와 만나 무엇을 하느냐에 따라 말결이 달라진다는 말이야. 모나고 거친 말투를 가진 사람과 오래 사귀다 보면 거친 말투가 몸에 배어 저도 모르게 거친 말이 튀어나올 테지? 거꾸로 부드럽고 고운 말결을 가진 사람 곁에 오래 있으면 부드럽고 고운 말이 나와.

어떤 말을 쓰느냐에 따라 사람이 달라져. 이왕이면 모질고 거친 말을 쓰기보다는 어질고 고운 말을 써야 둘레에 사람이 고일 거야. "말 한마디로 천 냥 빚을 갚는다"는 말이나, "말이 고마우면 비지 사러 갔다가 두부 사 온다"는 말 들어 봤지? 이런 속담처럼 어질고 고운 말에는 사람을 움직이는 힘이 있어.

"말이 많으면 쓸 말이 적다"는 말도 있는데 말이 많다 보면 잘못 말하거나 하지 않아도 될 말을 하기 쉬우니 되도록 말을 적게 하라는 말이야. "말이 말을 만든다"는 말도 있는데 말이란 입에서 입을 거치는 동안 말하는 사람 생각이 보태져서 처음 말한 사람이 하려던 뜻과는 달리 부풀려지거나 엉뚱한 말로 번질 수도 있으니 말하기를 삼가라는 뜻이 담겼어. "말이 반찬 같았으면 상다리 부러지겠다"는 말도 있어. 말을 꾸며서 듣기 좋게만 하는 것을 비꼬아 이르는 말이지.

이런 말들을 듣고 보니 말을 함부로 해서는 안 되겠다는 생각이 들지 않아? 말을 잘하려면 속으로 생각을 거듭 가다듬어야 해. 그리고 생각을 가다듬는 데는 글쓰기보다 좋은 것이 없어. 글을 쓰면서 종이나 화면에 글자로 옮긴 생각을 보고 또 보며 다듬기 때문이야.

말을 잘하고 싶지? 그럼 오늘부터 일기를 써 보는 건 어떨까? 하루를 가만히 돌아보며 잠시 글을 쓰다 보면 생각이 고르게 다듬어질 거야.

맹

0을 우리는 '영'이라고 읽고 미국 사람은 '제로'라고 읽어. 영은 한자이고 제로는 영어이지. 그럼 우리말로는 0을 뭐라고 해야 할까? 나는 우리말에 없는 말을 떠올려 보는 게 재미있어. 그래서 곰곰이 생각해 봤는데… 0을 '맹'이나 '맨'이라고 하면 어떨까? 어째서 그렇게 생각하느냐고? 맹물을 떠올렸거든.

맹물은 아무것도 타지 않은 물이야. 물 앞에 있는 '맹-'에 '다른 것이 없는' 그러니까 '다른 것이 섞이지 않은'이란 뜻이 담겨서야. '맹-'과 비슷한 말로 '민-'과 '맨-'이 있어. 아무것도 바르지 않은 얼굴을 민낯이라 하고, 아무것도 쓰지 않은 머리를 민머리, 나무가 없는 벌거숭이산을 민둥산, 무늬가 없는 것을 민무늬라고 하잖아. 아무것도 없는 땅을 맨땅, 아무것도 쥐지 않은 손을 맨손, 반찬이나 양념 없이 밥만 덩그러니 있는 것을 맨밥이라고 하고. 옛날에는 '맹-'과 '민-'과 '맨-'을 서로 돌려 가며 썼다고 해. 그러니까 맹물을 맨물이라고도 했다는 얘기지.

이런 말들은 다 한 낱말로 이루어져서 떼어 쓰기를 하지 않아. 그런데 똑같이 다른 것이 없다는 말일지라도 떼어 쓰는 말들도 있어. '맨 사내뿐'이라거나 '맨 책뿐'이라고 할 때 '맨'이야. 그리고 똑같이 떼어 쓰더라도 '맨'이 다른 뜻을 품은 말도 있지. 맨 가장자리, 맨 꼭대기, 맨 끝, 맨 구석 자리, 맨 먼저, 맨 밑바닥, 맨 앞, 맨 위, 맨 처음 따위에 나오는 '맨'은 '그보다 더할 수 없을 만큼 가장'이란 뜻을 담고 있어. '맨 앞'은 그보다 앞선 것이 없다는 말이고, '맨 밑'은 그보다 더 밑은 없다는 말이야.

가만히 곱씹어 보면 붙여 쓰는 '맨-'과 떼어 쓰는 '맨'에 담긴 뜻이 비슷해 보이지 않니? 둘 다 바탕에 '없다'란 뜻을 두고 있잖아. 다른 것이 아무것도 없고, 그보다 더할 것이 없으니까. 옛날에는 붙여 쓰는 '맨-'이나 '맹-'에도 '가장'이란 뜻이 담겨 있었어. 신랑 각시가 맹물 한 사발 떠 놓고 혼례를 치르고, 어머니가 장독대에 맹물 한 그릇 떠 놓고 식구들이 잘되기를 빌었던 건, 맹물이 그보다 나은 물이 없는, 세상에 가장 좋은 물이어서 그래. 새벽에 가장 먼저 일어나 아무것도 섞이지 않은 깨끗한 맹물을 샘에서 길어 와 썼지.

듣고 보니 어때? 0을 '맨'이나 '민' 또는 '맹'으로 바꿔 써도 좋을 것 같지 않아? 나는 오래도록 입에 붙은 '영'이 이응으로 끝나니까 똑같이 이응으로 끝나는 '맹'이 낫다는 생각이 들어. 한번 써 볼까? 전화번호 알려줄 때 "맹일맹-육이육맹-맹맹맹일" 하는 거야. 재밌겠지? 나만 그런가?

0을 부르는 또 다른 우리말을 찾아봐도 재밌겠다. 동그라니까 '동'이라고 부를까? 텅 비어 있으니 '빈'이라고 해야 좋으려나?

먼지

우리 집은 찻길과 그리 멀지 않게 있어. 그래서인지 닦는다고 닦아도 걸레에 묻어 나오는 먼지가 장난이 아니야. 게으름을 떨며 며칠 미루다가 닦아 보면 걸레가 새까매지지. 더러워진 걸레를 보면서 '먼지는 참 부지런하기도 하다. 어찌 이리 꾸준할 수가 있나?' 싶었던 적이 한두 번이 아니야. 한결같은 먼지를 보면 뭐든지 늘 미루기만 하는 내가 돌아보여.

먼지란 말은 어디서 왔을까? 모든 것을 뜻하는 말인 '만물'을 들어 봤지? 만물은 우리말로 '잘몬'이라고 해. '잘'은 '만(10000)', '몬'은 '물'이야. 그리고 '잘'은 10000이라기보다는 '온갖'이라는 뜻이어서, '잘몬'은 '온갖 것'을 일컫지. '먼지'는 '몬'에서 떨어져 나온 것을 가리키는 '몬지'가 바뀐 말이래.

물건 부스러기라는 거지.

미세먼지를 연구하는 장재연 교수는 사람은 누구나 먼지를 피할 수 없다면서, 우리가 앞서서 먼지를 줄여 나가야 한다고 말했어. 우리나라는 2023년 조사에서 세계에서 열세 번째로 온실가스를 많이 내놓는 나라로 꼽혔어. 그만큼 석탄과 석유를 많이 쓰면서 먼지도 많이 내놓는다는 뜻이야. 그러면서 어떻게 공기에 먼지가 적을 수 있겠어.

우리는 먼지를 피하려고 마스크를 쓰고 공기청정기를 돌려. 그런데 마스크와 공기청정기를 만드는 데 드는 전기와 자원은 석탄과 석유에서 나와. 또 마스크와 공기청정기를 버리면 쓰레기가 되어서 지구를 더럽히지. 먼지를 만들면서 먼지를 피하려 드는 모양새가 좀 이상하지 않니?

그럼 어떻게 하면 먼지처럼 부지런히 먼지를 줄일 수 있을까? 살아가는 데 없어서는 안 되는 것만 쓰면서 덜 먹고 덜 쓰고 덜 버리며 사는 수밖에 없어. 이렇게 사는 것을 '스스로 껴안은 가난'이라고 해.

물음

"문제가 뭐야?"

내가 알지 못하는 까닭으로 친구가 쩔쩔맬 때 나는 이렇게 묻고는 해. 이때 '문제'에는 '풀기 어려운 일'이란 뜻이 담겨 있어. 닮은 뜻을 지닌 말로는 '골칫거리'가 떠오른다. 문제는 물을 문(問)과 제목 제(題)가 모여 이룬 낱말이야. 그런데 제(題)에는 '물음'이라는 뜻도 있어. 문제를 '물은 것을 묻다', '묻고 또 묻다'라고 풀 수도 있다는 뜻이야.

그렇다면 우리는 언제 묻고 또 물을까? 어려움에 맞닥뜨려서 헤쳐 나가고자 할 때 묻고 또 물을 거야. 어렵더라도 고개를 돌리지 말고 묻고 들어가야 어찌할 수를 물고 나오든지 좋은 수를 찾아 나올 수 있으니까. 이렇게 보면 문제는 어려움일 뿐 아니라 어려움을 풀 열쇠이기도 한 셈이야.

거란 장수 소손녕을 알아? 모른다고? 그럼 고려 장군 서희는 알지? 서희가 말로 수십만 거란 대군을 돌려세웠을 뿐 아니라 여진이 차지하고 있던 강동 6주, 그러니까 거란으로 가는 길목인 압록강 동쪽 280리를 얻었다는 이야기를 수업 시간에 들었을 거야. 이 역사 이야기에서 서희가 놀린 세 치 혀에 놀아났다는 맞수가 소손녕이야.

서희를 떠받드는 우리는 흔히 소손녕은 수십만 대군을 이끌고 쳐들어와서 제대로 싸워 보지도 못하고 서희에게 휘둘려 군사를 거두고 떠난 어수룩한 장군이라고 받아들이고는 해. 그러나 나는 소손녕도 서희 못지않게 똑똑한 사람이라고 봐.

거란이 고려를 쳐들어온 까닭은 거란이 고려와 가까운 송나라를 칠 때 고려가 뒤에서 거란을 치지 않도록 하는 데 있었어. 이것을 이뤄 내기만 한다면 굳이 고려와 싸울 까닭이 없었지. 서희는 거란이 고려를 쳐들어온 까닭을 스스로 묻고 또 물은 끝에 '거란이 송나라를 칠 때 우리가 뒤에서 치지 않는다는 다짐만 해 주면 되겠구나.' 하고 생각했을 거야. 소손녕도 고려를 쳐들어가는 까닭을 묻고 또 물은 끝에 '서희 말대로 여진족이 사는 땅을 고려 땅이라고만 해 주면 마음 놓고 송나라로 쳐들어갈 수 있겠구나.' 하고 생각했을 테고. 더군다나 큰 싸움을 벌이지 않으면 군대를 고스란히 지킬 수도 있으니, 거란에게도 이보다 더 좋은 수가 없었지.

서희와 소손녕처럼 잘 물으려면 흔히 아무렇지 않게 스칠 일들을 되짚어보는 버릇을 들여야 해. 그저 아무렇지 않다고 여기던 일, 흔히 마땅하다고 여기던 것에 '이게 참으로 마땅한가?' 하고 물을 수 있어야 한다는 말이야. 이를테면 '물건은 사는 순간 바로 값이 꺾이는데 어째서 돈에는 이자가 붙지?' 같은 물음을 떠올리고 궁금함이 풀릴 때까지 묻고 찾아보는 거야.

이렇게 물음을 이어 가며 문제를 풀어 가다 보면 생각이 깊고 넓어져. 처음 물음을 풀지 못했더라도, 그 물음을 풀어 가면서 만나는 작은 물음들을 몇 개는 풀어 냈을 테니 두말할 것 없는 일이지. 또 생각을 다듬고 세워 나가는 힘도 길러져. 묻고 또 묻는 일이 생각을 다듬고 세워 나가는 일이니 이 또한 두말할 까닭이 없지. 묻고 또 물으며 나날이 더 나아지는 사람이 되는 거야.

오스트레일리아 토박이들은 태어난 날을 기리지 않고 무엇을 새로 안 날을 기린다더라. 스스로 묻고 깨우쳐 때때로 더 나아진다면, 기릴 날이 더 많아지겠지? 그러면 스스로 얼마나 뿌듯할까? 떠올리기만 해도 짜릿하다.

믿음

나는 웬만하면 다 믿어.

너는 그렇지 않다고? 요즘 세상에 뭘 함부로 믿느냐고? 아닐걸? 너도 나와 마찬가지로 웬만하면 다 믿고 있을걸? 왜냐고? 땅이 꺼질지도 모른다고 생각하면 나다닐 수 있겠어? 집에 있더라도 마음 놓을 수 없지. 선생님을 믿지 못하면 배울 수 없을 테고, 의사를 믿지 못한다면 아파도 마음 놓고 병원에 갈 수 없을 거야. 이처럼 우리는 알든 모르든 수많은 것을 믿으며 살아가지.

'믿다'란 말은 어디서 왔을까? 옛날에는 '밑'을 '민'이라고 했어. '민'과 '밑'이 같은 뜻을 담고 있었다는 얘기야. 그럼 '밑'에 담긴 뜻을 알아볼까? 뭐든지 땅 위에 자리 잡으면 땅과 닿는 데는 다 밑이 되어. 밑바닥, 밑받침, 밑절미에서 알 수 있듯이 바탕과 터전과 뿌리를 일컫는 낱말이 '밑'이야. 밑이 단단히 받쳐 주면 기분이 어떨 것 같아? 아주 든든하고 흔들림이 없겠지? 그래서 밑받침이 튼튼한 건물에 들면 마음이 놓이고, 공부 밑바탕이 탄탄하면 시험을 앞두고 있어도 걱정이 덜 되는 거야. 믿음은 이렇게 밑이 받쳐 줄 때 생기는 마음이야.

능수버들이 땅을 믿고 자라고, 나팔꽃이 꽃받침을 믿고 피어나듯이, 우리는 이웃을 믿어야 살아갈 수 있어. 살아가는 모든 힘은 믿음을 디디고 나와. 믿지 않고 이룰 수 있는 일은 없지. 우리가 땅에 몸을 맡기고 살아가듯이, 믿음엔 나를 내맡긴다는 뜻이 담겼어. 누구를 믿는다는 말은 그 사람에게 나를 고스란히 내맡기려는 마음가짐이 아닐 수 없지. 그러니 믿는다는 것은 저를 반은 내려놓아야 한다는 말이기도 해. 저를 반은 내려놓았기에 우리가 의사에게 몸을 드러내 보이며 속에 있는 말을 숨김없이 하고, 선생님이 하는 말을 고분고분 따르는 거야.

이렇게 믿음은 사람과 사람 사이를 이어 줘. 그런데 느닷없이 믿음이 송두리째 흔들리고 먹고살 길마저 막혀 버린다면 어떻겠어? 18세기 초 영국에서 옷감 짜는 기계가 나와서 손틀로 옷감을 짜던 이들은 하루아침에 일자리를 잃었어. 부아가 치민 이 사람들은 방직 공장으로 쳐들어가 기계를 때

려 부쉈지. 앞으로 살아갈 수 있다는 믿음이 무너져서 그리한 것인데, 정부가 먹고살 수 있다는 믿음을 주지 못해서 일어난 일이야.

이제 나를 고스란히 맡길 만큼 믿을 수 있는 것과 거꾸로 못 믿을 것을 써 내려 볼까? 그리고 그것들을 어째서 믿을 수 있다고 여기게 되었는지, 못 믿겠다면 왜 못 믿겠다는 생각이 드는지 짚어 봐. 아울러 어떻게 해야 믿을 수 있는 세상을 만들 수 있을지도 헤아려 보면 좋겠다.

밉다

거울엔 내 모습이 비쳐. 그리고 겉모습에는 속마음이 자주 드러나지. 거울을 보고 나서야 '나 왜 이렇게 기분 좋아하지?', '나 오늘 안 좋은 일 있었나?' 하고 묻게 되는 건 이런 까닭이야.

누구를 미워한 적이 있지? 그럴 때 거울을 보면 어때? 얼굴은 일그러지고, 가늘어진 눈에선 날카로운 눈빛이 쏟아져 나오고, 손발은 가만두지 못하고 안절부절… 네가 보기에도 안쓰러울 거야. 어디 모습뿐이겠어? 미워하는 동안은 마음도 좋지 않고 힘도 많이 들지.

'밉다'는 '미다'에서 왔어. 미다는 미는 움직임, 곧 편을 가르고 밀어내는 것을 일컬어. 누군가가 미우면 나와 가르고 내게서 멀리 밀어내잖아. 밉다는 말도 여러 가지가 있어. 얄밉다, 잔밉다, 슬밉다로 '얄밉다'는 하는 말이나 짓이 약삭빨라 밉다는 말이고, '잔밉다'는 몹시 얄밉다는 말이며, '슬밉다'는 싫고 밉다는 말이야.

미워하는 마음은 어디에서 올까? 첫째, 나와 너를 견주는 데서 와. 견주어 보니 내가 더 낫다고 여기면 너를 미워할 까닭이 없어. 그러나 내가 더 모자라는 구석이 있다고 생각될 때 샘나고, 나아가 미워하는 마음이 일어나기도 해. 그러면 너에게 밀지지 않으려고 몸부림치며 너를 내 밑에 두고 싶어 하지.

둘째, 나와 다른 생각을 하거나 다른 짓을 하는 사람이 밉기도 해. 그런데 미움은 흔히 가까이 있는 사람 사이에서 일어나. 서로 아끼는 사이에서 미움이 더 자주 일어난다는 얘기지. '나를 아낀다면서 어째서 내 생각과 어긋나는 짓을 하는 거야?' 하는 마음이나, '너는 이런 사람이어야 해!' 하고 내가 가지고 있는 그림에 네가 들어맞지 않고 어긋날 때 속았다는 마음이 들면서 미움이 싹트거든. 그래서 사랑이 미움으로 바뀌기 쉬운 거야.

여기서 짚어 볼 게 있어. 내 생각이란 것은 다 그동안 내가 보고 듣고 겪은 바탕에서 나왔어. 그렇다면 저 사람이 가진 생각 또한 저 이가 그동안 보고 듣고 겪은 바탕에서 나오지 않았겠어? 서로 바탕이 다를 수밖에 없으니 사람마다 생각이 다른 것도 당연하겠지? 그러니 나도 저 사람과 같은 처지에 있다면 저럴 수도 있지 않겠느냐고 헤아리고, 저 이가 이랬으면 하는 바람대로 내가 살 수 있을지를 헤아려 봐.

그리고 다루는 일과 사람을 떼어 놓고 보도록 힘써야 해. 때로는 사람이 거슬려서 일이 제대로 보이지 않기도 하거든. 그러면 풀릴 만한 일도 풀리지 않고, 그 바람에 일이 잘되지 않는 건 저 이 탓이야 하면서 그 사람이 더 미워질 때가 있어. 일에서 사람을 떼어 놓고 차분하게 일을 하나하나 살피다 보면, 미움이 가라앉아서 다루던 일이 쉬이 풀리기도 해. 그럴 때 미움이 달리 보이기도 하지.

반기다

"어서 와. 애썼어. 배고프지?"

학교 갔다가 집에 들어설 때 엄마나 아빠가 환히 웃으며 두 팔 벌려 반길 때 어떤 기분이 들어? 저절로 숨이 턱 놓이면서 아늑하다고 느낄 거야.

'반기다'의 말뿌리인 '반-'에는 밝다는 뜻이 담겨 있어. 네가 동무를 반길 때를 떠올려 봐. 네 얼굴은 어떻니? 아마 밝고 환하게 웃고 있을 거야. 너와 동무 둘레도 덩달아 밝아지는 느낌이 들 테고. 이처럼 '반기다'는 밝은 빛을 담고 있는 말이야. '반기다'와 가까운 말인 '반갑다'에도 마찬가지로 밝은 빛이 담겨 있어. 그리던 사람을 만나거나 바라는 일을 이루어 흐뭇하고 기쁘니 어찌 밝아지지 않을 수 있겠어.

'반-'이 들어간 말에는 또 무엇이 있을까? 음… '반하다' 어때? 사람이나 동물, 물건에 반한 적 있지? 그때 어땠어? 네가 반한 것이 밝게 빛나면서 네 마음을 싹 끌어당기지 않았니? 이 밖에 '반-'이 들어간 말로 '반짝이다', '반딧불이', '반짝반짝'이 떠올라. 하나같이 밝게 빛난다는 뜻을 품은 말들이야.

그러고 보니 '반색하다'라는 말도 있었네. 오래도록 그리던 이를 만나 낯빛이 밝아졌다는 뜻을 담은 말이야. 여러 해 바깥을 떠돌던 아이가 돌아오는 기척이 나면 엄마는 신을 꿰찰 겨를도 없이 벗은 발로 뛰어나간다잖아. 나도 반가운 이를 만나면 벙글어진 입을 다물지 못해. 숨길 수 없는 것 가운데 하나가 사랑이라지?

'반갑다'를 '반+갑다'로 보고 '반쪽인가 보다'라고도 풀어. '갑다'가 '~인가 보다'라는 뜻이거든. 이렇게 보면 내가 너를 만나서 하는 반갑다는 말은 '반쪽이라 제구실하지 못하던 내가 너를 만나 오롯한 하나가 되어 제구실하게 되니 기쁘다'는 뜻이겠지? 이와 비슷하게 '반하다'는 '너와 하나를 이루고 싶다는 마음이 굴뚝같다'는 뜻이야. 서로 반갑다고 말하며 반기는 나와 네가 우리를 이룬다면 얼마나 보람찰까?

아무리 힘들어도 반가운 이가 곁에 있다는 것만으로도 다시 살아갈 힘을 얻은 때가 한두 번이 아니야. 살아가면서 반가이 맞을 사람이 있다는 것이 얼마나 고마운지! 너는 누구를 만나면 반겨? 또 누가 너를 만나면 반겨?

비로소, 마침내

처음을 비롯한다고 하고 끝나는 걸 마친다고 해. 태어난 것은 죽고 말듯이 비롯한 것은 반드시 마치게 되어 있어. 그런데 마친 것은 도로 비롯해. 씨앗은 땅에 떨어져 싹트고 줄기를 세워 자라다가 꽃을 피우고 열매 맺지. 열매에는 씨앗이 들어 있어서 흙에 묻히면 뿌리 내리고 움터. 우리는 흔히 열매를 맺으면 매듭지어 마친다고 생각하지만, 그 열매가 흙으로 돌아가서 다시 싹트니까 마침이 곧 새로 비롯함이야.

도시내기들은 봄에 빈 밭을 보며 아무것도 없다고 받아들여. 그렇다면 그 밭에 옥수수씨를 뿌린 사람도 그럴까? 아니, 그이는 빈 밭을 보고 옥수수 줄기가 우거진 밭을 떠올리며 흐뭇해할지도 몰라. 다른 사람이 보기에는 그저 아무것도 없는 땅일 뿐이지만 씨를 뿌린 사람에게는 옥수수밭이거든.

옥수수밭은 옥수수씨를 심은 데서 비롯했어. 여기서 문제. 비롯하려면 어떻게 해야 할까? 정답은 먼저 비우기. 그릇에 무엇이 가득 차 있으면 더 넣을 수 없지만 덜어내고 비우면 뭘 새로 담을 수 있듯이 비어 있어야 비롯할 수 있다는 말이야. 신기하게도 '비롯하다'에 있는 '비'는 비어 있는 것을 가리키는 말이래.

'비롯하다'와 같이 '비'가 들어 있는 말로 '비로소'가 있어. 앞서서는 이루어지지 않던 일이 어느 때가 되니 이루어지거나 바뀌어 나갈 때 쓰는 말이야. '모죽'이라는 대나무가 있어. 모죽은 씨를 뿌리고 네 해 가까이 움도 트지 않다가 네 해를 지나면서 마침내 움이 트고 다섯 해가 되면 한 달 반 만에 부쩍 자라서 키가 15미터에 이른대. 우리 눈에는 네 해 동안 꼼짝도 하지 않다가 한 달 반 만에 부쩍 자란 것으로 보이지만, 알고 보면 땅속 깊이 단단히 뿌리를 내려 살길을 마련하고 나서 비로소 움을 틔우며 쭉쭉 뻗어 나간 것이지.

불을 피워 물을 끓일 때도 마찬가지야. 물은 섭씨 100도가 되어야 끓잖아. 그런데 99도가 되기까지 기다리다가 1도가 더 오르는 사이를 견디지 못하고 불을 꺼 버린다면 '비로소'를 만날 수 없겠지? 배고프다고 뜸 들지 않은 밥을 먹으면 맛이 없듯이, 살아가다 보면 바삐 서두르지 말고 잠자코 기다려야 할 때가 적지 않아.

'비로소'가 쓰일 자리에 '마침내'도 놓일 수 있어. 처음에 비롯한 것은 반드시 마치고 마친 것은 다시 비롯하니 마침이 곧 새로 비롯함이라고 한 말 잊지 않았지? 마침과 비롯함은 같은 것을 다른 쪽에서 보고 쓰는 말이야. 처음에 눈길을 두면 비롯한다고 하고, 끝에 눈길을 두면 마친다고 하지. 눈길을 어디에 두느냐에 따라 말이 달라져도 같은 뜻을 품을 수 있다니, 우리말 참말로 신기하지 않니?

빛, 볕

햇빛과 햇볕, 헷갈리기 쉬운 말이야. 햇빛과 햇볕은 모두 해에서 온 기운이지만 뜻은 나뉘어. 빛은 눈길에 와닿고 볕은 살갗에 와닿아. 눈에 보이는 빛은 환하고, 살갗에 닿는 볕은 따뜻하거나 뜨겁지.

빛에 맞서는 것은 어둠이야. 이건 쉽게 알겠지? 그럼 볕에 맞서는 것은 뭘까? 그늘이야. 볕은 따뜻하지만, 볕이 가려진 그늘에 들어가면 시원하잖아. 흔히 어둠을 '빛 없음'이라고 풀이하는데, 아냐. 우주 본바탕은 어둠이니까 빛을 '어둠 없음'이라고 해야 옳아. 우주를 놓고 보면 빛은 1퍼센트도 되지 않을걸.

빛은 어둠을 밝히고, 볕은 차가운 것을 따뜻하게 해. 빛은 빠르게 움직이나 볕은 머물러. 스치고 마는 빛은 옷은 말리지 못하지만 빛깔은 만들어 내지. 그러나 머무는 볕은 바람과 더불어 젖은 빨래를 말리고 곡식을 길러.

햇빛은 이름이 많지 않지만, 햇볕은 열 개도 넘어. 같은 볕이라도 언제 내리쪼이느냐에 따라 이름이 달라. 봄에는 봄볕, 가을엔 가을볕이라고 하지. 그렇지만 여름볕과 겨울볕이란 말은 없어. 해가 솟아오를 때 쬐는 햇볕은 돋을볕이라 하고, 한낮에는 낮볕, 저녁에는 저녁볕이나 석양볕이라고 해. 돋을볕은 따스하지만 땡볕, 된볕, 불볕, 뙤약볕은 뜨거워. 얼마나 이어지느냐에 따라 여우볕, 하룻볕, 볕뉘라고도 불러. 여우볕은 여우비처럼 잠깐 났다가 숨어 버리는 볕이고, 하룻볕은 온종일 내리쬐는 볕을 일컬어. 볕뉘는 작은 틈으로 잠시 비치는 햇볕을 이르지. 속담도 볕이 들어간 것이 빛이 들어간 것보다 더 많아. 살펴볼까?

응달에도 햇빛 드는 날 있다.

쇠붙이도 늘 닦지 않으면 빛을 잃는다.

쥐구멍에도 볕 들 날 있다.

오뉴월 볕은 솔개만 지나도 낫다.

오뉴월 하룻볕도 무섭다.

아홉 해 큰물에 볕 기다리듯.

햇빛, 햇볕과 함께 자주 쓰이는 말로 햇살이 있어. 햇살은 무슨 뜻일까? 화살에서 짐작할 수 있듯이 '-살'은 가늘지만 굳센 줄기로 내려 꽂히는 기운을 뜻하는 말이야. 그렇다면 햇살은 멀리 있는 해에서 지구까지 빛을 보내는 힘이겠지?

빛에서 갈라져 나온 낱말로 빛깔이 있어. 흔히 색 또는 색깔이라고 하는 것이지. '-깔'은 갈래라는 뜻이야. 밝음만 있던 빛이 유리나 물방울을 거치면 무지개처럼 여러 갈래 색으로 갈라지지? 그렇게 갈라졌다 해서 빛 색을 빛깔이라고 했대.

빛깔을 말하다 보니 떠오르는 낱말이 있어. '때깔'이야. 잘 익은 과일을 보고 '때깔 좋다'고 하잖아. 어째서 그랬을까? 과일은 제철이 되어야 빛깔이 또렷하니 고와져. 사과가 빨갛게 물들듯이 때가 되어 먹음직스럽게 무르익은 빛깔이라 때깔이라고 했어.

사랑

아주 오랜 옛날, 지금 인도 땅에 '코살라'라는 나라가 있었어. 임금 파세나디와 왕비 말리카는 무척 사이좋았지. 어느 날 저녁 바람을 쐬다가 임금이 왕비에게 물었어. "이 세상에서 그대가 가장 사랑하는 사람은 누구요?" 임금은 속으로 저를 가장 사랑한다고 말하기를 바랐지. 한참 곰곰이 생각하던 왕비가 이윽고 입을 열었어. "아무리 생각해 봐도 저는 저를 가장 아끼는 것 같아요. 마마는 어떠세요?"

왕비 대답이 뜻밖이지? 내가 파세나디 임금이었다면 아마 조금 섭섭했을 거야. 겉으로는 아닌 척하느라 오히려 점잖은 얼굴을 했겠지만. 하지만 말리카 왕비야말로 파세나디 임금을 참되게 사랑할 수 있어. 사랑은 저를 아끼는 마음을 나누는 데서 피어오르거든.

우리는 저를 아끼지 않고서는 다른 사람도 사랑할 수 없어. 사람은 누구나 저를 아끼는 힘으로 살아가기 때문이지. 그 힘으로 일하고 그 힘으로 어울리며 그 힘으로 쉬어. 저를 아끼지 않고는 먹고 입을 것을 마련할 수 없고, 살아갈 수도 없다는 말이야. 저를 아끼지 않으면 살아갈 수가 없는데 어떻게 다른 사람을 사랑하겠어?

요즘엔 처음 보자마자 끌리는 사람에게 사랑한다며 나서기도 하지만 나는 생각이 좀 달라. 이런 사람은 사랑이 뭔지도 모르고 덤비는 거야. 사랑은 아끼는 마음에서 피어오르는 것이잖아. 그러니 설렐 때는 먼저 설레는 이 마음이 어떤 마음이며 어디서 온 것인지 짚어 봐야 해. 이 설렘이 그저 새롭고 고와서 끌리는 것인지 아끼려는 마음인지 요모조모 따져야 하지. 그리고 내가 참으로 그 사람을 아끼고, 그 사람이 품은 뜻을 도두볼 수 있다고 여겨진다면 사랑이라고 할 수 있겠지.

이럴 때도 '내가 불쑥 사랑한다고 해도 괜찮으려나?' 하는 마음이 들면서 망설이게 되어. 맞은 쪽에 있는 이가 어떻게 받아들일지 알 수 없기 때문이야. 그런데 이런저런 것을 하나도 짚지 않고 섣불리 다가서는 사람이 사랑을 이룰 수 있을까?

나는 사랑은 하는 것이 아니라 눈물처럼 어리어 오르는

것이라고 여겨. 밤이 낮으로 바뀔 때 느닷없이 어둠에서 밝음으로 넘어가지 않고 시나브로 희뿌옇게 바뀌면서 아침이 밝아오듯이, 꽃이 급작스럽게 활짝 피지 않고 몽글몽글 몽우리가 맺히면서 천천히 벌어지듯이, 돌다리도 두드리는 마음으로 그 사람 마음이 어떤지 살펴보며 천천히 다가가야 그 사람도 내 마음을 헤아리면서 내 뜻을 받아들일 수 있을 거야. 그렇게 서로 다가서면서 좋은 느낌이 거듭 이어지면서 서로 아끼는 마음이 어리어 오르다가 무르익어야 사랑이 활짝 피어나지.

서로 아끼더라도 내 뜻과 네 뜻이 어긋나기도 해. 그럴 때는 어떻게 해야 할까? 어디서 어떻게 어긋나느냐에 따라 달라. 이를테면 네가 동무하고 같이 집에 와서 거실에서 뛰고 노는데 누나가 정신없다면서 시끄럽게 굴려면 나가서 놀라고 했어. 이 말을 네가 이렇게 받았다면 어떨까? "날마다 이러는 것도 아니고 어쩌다 이랬는데 왜 짜증을 내고 그래? 얘들아, 누나가 하는 말에 마음 쓰지 말고 그냥 놀아." 너는 동무들과 노는 것에 마음이 쏠려서 같이 사는 누나는 눈에 들어오지 않은 거야. 공부해야 하는 누나로서는 견디기 힘든 일이지.

그렇다면 네가 어떻게 해야 했을까? 동무들을 데리고 오기에 앞서 식구들에게 "집에 동무들을 불러 놀고 싶은데 괜

찮을까?" 하고 묻고는 한 식구라도 싫다고 하면 불러선 안 돼. 또 동무들이 와서 놀더라도 식구들이 있으면 조용히 놀아야 하지. 집은 본디 놀이터가 아니라 식구들이 마음 놓고 쉴 수 있는 곳이잖아. 그러니 잘못한 사람은 짜증 낸 누나가 아니라 식구들은 아랑곳하지 않고 제 뜻대로만 하려던 너야. 하지만 놀이터에서 노는데 누나가 와서 시끄럽다고 조용히 놀라며 짜증 냈다면 다를 테지.

끝으로 "원수를 사랑하라"는 예수님 말씀을 살펴볼까? 나는 이 말씀을 '미운 짓 한 사람을 사랑하라'는 뜻으로 받아들여. '미운 사람'이 아니라 '미운 짓 한 사람'이라고 푼 까닭은, 사람을 미워하지 않고 그이가 한 짓을 미워한다면 미움을 가라앉히기 쉬워서야. 사람을 미워한다면 그이가 아무런 짓도 하지 않고 눈앞에 있기만 해도 미운 마음이 들겠지? 하지만 한 짓을 미워하는 거면 그이가 그 짓을 그만두었을 때 미워할 까닭이 사라지는 거야.

미운 짓 한 이를 사랑하라는 말씀은 잘못을 눈감아 주라는 게 아니야. 예수님도 남을 괴롭히거나 해코지하는 것은 잘못이라고 뚜렷이 말씀했어. 그러나 예수님을 기둥에 못 박은 사람들이 저지른 잘못을 없애 달라고 하느님께 빌었지. 잘못은 미워했으나 잘못한 사람들은 아낀 거야. 어떻게 이럴 수 있었을까? 사랑을 나눌 가슴과 힘이 있어서 그래. 그러니 저를 먼저 사랑하고, 아끼는 이웃 사이에 어린 사랑을 거듭 기르자. 그러다 보면 우리도 언젠가는 예수님처럼 사랑할 힘을 갖추는 날이 올지도 몰라.

살

'살' 하면 무엇이 떠올라?

나는 몸을 이루는 살이 맨 먼저 떠올라. 살갗도 살이고, 힘을 쓰는 힘살(근육)도 살이야. 살갗은 몸을 망가뜨릴 수 있는 것들이 몸속으로 들어오지 못하게 하고, 힘살은 몸을 움직이게 해. 이렇듯이 살은 나를 살리는 바탕이야. 그런데 그거 알아? 나를 살리는 힘은 꾸준히 써야 생긴다는 걸. 아깝다고 쓰지 않으면 사라지고 말지. 힘살도 마찬가지야. 써야 튼튼하지, 쓰지 않으면 스러지고 말아. 그렇다고 지나치게 쓰면 탈이 나니 힘에 부치지 않게 써야 해.

살 하니까 넉살이란 말도 떠오르네. '넉살 좋다'는 말 들어봤지? 부끄럼을 타지 않고 남과 스스럼없이 어울리는 사람을 보고 하는 말 말이야. 우스갯소리로 넉살을 '넋에 있는 살'

이라고 하는 것도 봤어. 넋, 곧 마음에 살이 넉넉하게 있으면 마음 씀이 넉넉할 수밖에 없다더구나.

살 하면 한 살 두 살 들어가는 나이도 떠올라. 나이는 먹는다고 하기도 하고 든다고 하기도 해. 어쩐지 나는 나이 먹는다는 말보다 나이 든다는 말이 더 좋아. 물들듯이 가만가만 살살 나이가 깃드는 모습을 떠올리면 꽤 근사하게 느껴지거든. 그런데 옷감에 물을 잘못 들이면 얼룩덜룩하듯이, 삶이 옹글지 않으면 나이가 그려 내는 무늬가 아름답지 않아. 이웃과 어우렁더우렁 서로 살리면서 들어가는 나이라면 더할 나위 없이 아름다울 테지만.

나는 '살갑다'란 말을 좋아해. '살 같다'는 데서 온 말인데, 와닿는 느낌이 부드럽거나 마음씨가 상냥한 것을 가리켜. 또 정든 것을 일컬을 때도 쓰지. 살갑다고 하니까 '달갑다'도 떠오르네. '달다'에서 온 '달갑다'는 '살갑다'보다는 거리가 있으나 기꺼이 받아들일 만큼 좋다는 말로, 마음에 들어 달게 여긴다는 뜻이야. 달가운 데서 한 발짝 더 나아가면 살가운 거야. 우리 서로에게 한 발짝 다가서서 서로 살가워지자.

살림살이

살림살이라는 말 들어 봤어? 살림살이는 '살림'과 '살이'를 붙여 만든 말이야. '살림'은 '살리다'에서, '살이'는 '살다'에서 나왔으니, 살림살이는 '살리는 살이', '살리는 삶'을 뜻하지.

예전에는 사람들 앞에서 살림살이하는 사람이 누구냐고 물어보면 다들 엄마를 떠올렸어. 밥 짓고 빨래하여 식구들이 잘 살아갈 수 있도록 바탕을 마련해 주는 분이 엄마였으니까. 그런데 지난해 초등학생들에게 물어보니 멀뚱멀뚱하더라고. 얼마 전에 고등학생들한테 또 물었더니 어물어물 긁적긁적 서로 얼굴만 바라보았고. 어째서 그랬을까? 요즘에는 아이고 어른이고 다 바쁘다 보니 집에 있는 시간이 별로 없고 밥을 바깥에서 먹는 일이 흔해. 빨래는 세탁기가 청소는

로봇청소기가 한다고 여기는 사람도 많아졌고. 또 다행스럽게도 요새는 집안일을 엄마 혼자 하지 않고 식구들이 다함께 하잖아. 그러다 보니 누구 한 사람을 콕 집어 말하기가 주춤거려졌던 게 아닐까?

나는 살림살이 하면 밥 짓기가 가장 먼저 떠올라. 먹지 않으면 삶을 이어 나갈 수 없어서 그러지 않을까 싶어. 밥 짓기처럼 살림살이에 꼭 있어야 하는 또 다른 '짓기'에는 무엇이 있을까? 머릿속에 떠오르는 게 있지? 맞아. 집짓기, 옷 짓기, 농사짓기, 짝짓기 같은 게 있어. 추위와 더위, 비와 바람으로부터 우리를 지켜 주는 집과 옷을 마련하고 먹을거리를 길러 냈기에 우리가 요즘 이런 모습으로 살아갈 수 있어. 또 그 누구도 짝짓기 없이 이 세상에 나올 수 없지. 우리를 있게 하고 살리는 거룩한 살림살이는 다 몸을 놀려서 짓는 거야.

놀라운 살림살이 이야기 하나 들려줄까? 인도 북동부 작은 마을에 있는 산을 날마다 망치와 정을 들고 쪼아 깎아 내는 사람이 있었어. 다슈라트 만지야. "만지가 돌았나 봐. 산을 깎겠다고 덤비다니 제정신이야?" 손가락질에도 아랑곳하지 않고 만지는 하루, 이틀 거듭 산을 깎아 냈어. 그러기를 스물두 해 만에 길이 110미터, 너비 9.1미터에 이르는 커다란 길을 뚫었어. 스물두 해가 흘렀다면 열세 살 먹은 네가 서른다섯 살이 되었겠지? 아주 긴 시간이야.

만지는 어째서 그랬을까? 어느 날 만지 아내가 산에서 굴러 다쳤어. 만지가 아내를 둘러업고 읍내에 있는 병원으로 내달렸지만, 가는 길에 아내는 그만 숨을 거두고 말았지. '제때 치료만 받았어도…' 가슴을 치던 만지는 떨치고 일어났어. '아내처럼 딱하게 죽는 사람은 없어야 해! 아무리 긴 시간이 걸리더라도 이 산에 반드시 길을 내고야 말겠어.' 하고 말이야.

만지가 닦은 길은 마을에서 읍내로 가는 거리를 55킬로미터에서 15킬로미터로 줄였어. 만지 혼자 닦았지만 모든 사람에게 살길을 터 주었으니 거룩한 살림살이라 할 만하지.

이제까지 살펴보니 어떤 생각이 들어? 농사짓기가 농부도 살리고 우리도 살리는 것처럼, 살림살이는 저를 살리는 길이자 남을 살리는 길 같지 않니? 네가 하는 일에서 무엇이 살림살이일까? 곰곰이 생각해 보렴.

생각

"문득 네 생각이 났어."

"무서운 생각이 들었어."

어째서 '네' 생각은 나고, '무서운' 생각은 들까? 아주 가까운 이웃을 '너'라고 부르지? 내가 가깝다고 여기는 너를 마음에 품고 있으니 너를 생각하는 마음은 안에서 나. 그러나 무섭다는 생각은 품고 사는 것이 아니라 바깥에서 무서움과 맞닥뜨려서 일어나니까 밖에서 안으로 든다고 하는 것이 맞을 것 같아. 그런데 오래전에 맞닥뜨렸던 무서운 일이 떠오를 수도 있겠지? 그럴 때는 "무서운 생각이 났어."라고 할 수도 있겠다.

이렇게 '나는' 생각과 '드는' 생각 말고 '하는' 생각도 있어. 나는 생각이나 드는 생각은 내 뜻에 따라 일으키는 것이 아니라 그저 떠오르고 일어나지만, 하는 생각은 스스로 일으키는 것이야. '이렇게 해야겠다.' 하고 제 뜻을 세우는 거니까.

옛사람들은 생각이라는 말을 우리와 조금 다르게 썼어. 하는 생각 가운데 살아오면서 겪은 것을 떠올리며 일머리 풀어 가는 것을 '생각'이라고 했거든. 이미 겪어 본 일과 또 마주쳤을 때 '이럴 때 이렇게 하니 어려웠고 저렇게 하니 좋았지. 이것도 덧붙이면 좋겠다.' 하는 따위를 생각이라고 했다는 말씀이야. 이를테면 '감꽃이 지네. 메주콩은 감꽃 질 때 심어야 잘 열리니 서둘러 심어야겠다.' 같은 것이 생각이지.

이와 달리 겪어 본 적 없는 일을 맞아 새로운 길을 찾으려고 마음속으로 이리 짚고 저리 짚으며 따지는 것은 '사랑'이라고 했어. 이를테면 '이사하는 건 처음이야. 어떻게 해야 실수를 줄일 수 있을까?' 하는 것을 사랑이라 할 수 있겠지. 가 보지 않은 새 길을 열려면 아무래도 혼자보다는 여럿이 하는 게 나아. 그럴 때 아끼는 사람, 뜻이 맞는 사람과 머리를 맞대고 슬기를 모으는 것이니 사랑이라고 했을까? 아끼는 마음에서 우러나오는 사랑과 달라 좀 낯설겠지만, 그 사랑도 서로 슬기를 모아야 넉넉해지니 두 사랑이 닮았다고 해도 되겠다.

생각은 내 바탕이야. 생각하는 대로 움직이고, 움직이는 대로 내가 이루어지니까. 어떤 생각을 하느냐에 따라 내가 누구인지 가려진다는 얘기야. 그러니 되고 싶은 사람이 되려면 생각을 찬찬히 살피고 꾸준히 다듬어 나가도록 해 봐.

✳ 식구

요즘엔 한 울타리 안에서 함께 살아가는 사람들을 부를 때 '가족'이라는 말을 흔히 써. 가족은 일제강점기에 들어온 말로, 피붙이를 가리켜. 피붙이란 엄마 아빠가 아이를 낳아 이뤄진 사이를 일컫지. 할머니 할아버지와 엄마 아빠, 엄마 아빠와 나처럼 피로 이어졌을 때만 가족으로 부른다는 얘기야.

'가족'이라는 말이 아직 없던 때에 우리나라 사람들은 '식구'라는 말을 썼어. 식구는 밥을 가리키는 식(食)과 입을 가리키는 구(口)를 모아 만든 말로, 밥을 나눠 먹는 사이를 일컬어.

"꽁꽁 언 겨울 깊고 깊은 밤, 늦게 들어오는 아버지를 기다리며 밥사발이 아랫목 요 밑에 누워 있다."

옛사람이 쓴 시야. 사람이 집에 없어도 밥은 다른 식구들과 한방에 있었지. 어머니와 아들, 아버지와 딸, 아내와 남편, 언니와 아우는 두런두런 정을 다져 가며 뜨거운 한솥밥을 날마다 함께 먹었어. 이들은 사이가 어떨 것 같아? 더없이 끈끈하겠지? 그래서 '한솥밥 먹고 자랐다'는 말이 어떤 사이보다도 더 끈끈한 사이를 가리키게 되었어.

그런데 식구는 피붙이만을 가리킬까? 아니야. 밥을 함께 먹는 사이는 누구나 식구가 될 수 있어. 여자와 남자가 만나 이룬 집안뿐 아니라 여자와 여자, 남자와 남자가 사랑하여 꾸린 집안과 그저 동무끼리 어울려 살아가는 이들이 모두 식구지.

이뿐 아니야. 우리는 사람이 죽으면 저승 갈 때 굶지 말라고 입에 쌀을 넣어 주고, 초상 치를 때 저승사자에게까지 사잣밥을 내놓아. 옛사람들은 들에 나가 밥을 먹을 때 자연과 나누려고 밥을 떼어 던졌고, 제삿밥을 조금 덜어 집 바깥에 두어 짐승들과 나누었으며, 감 딸 때 나뭇가지에 까치밥을 남겨 놓았어. 이렇게 살아 있는 이와 죽은 이를 가리지 않고 둘레와 한솥밥을 두루 나누며 신과 하나 되고, 자연과 하나가 되었어. 온 세상이 다 식구였다는 얘기지.

요즘엔 다들 바빠서 피붙이와도 한자리에 앉아 밥 먹기 힘들어졌어. 그러니 다른 목숨들과 밥을 나누는 일은 더더

욱 어렵겠지. 딱한 일이야. 그렇지만 한편으로는 둘레에 있는 어려운 이와 밥을 나누는 어른이나 길고양이, 새 들과 밥을 나누는 어린이와 심심치 않게 마주치고는 해. 그럴 땐 그이들이 품은 고운 마음씨가 내게도 울려와 가슴이 따뜻해져. 또 우리가 서로 돕고 살아간다는 생각이 들어 든든하지.

　네게는 어떤 식구가 있어? 우리를 둘러싼 온갖 목숨붙이와 밥을 함께 나누어 먹으며 담뿍담뿍 정이 샘솟는 삶을 함께 살아 볼까?

어, 아

'라떼'가 유행이야. 커피에 우유를 넣은 카페라떼가 아니라, 어른들이 "나 때는 말이야…" 하면서 옛 기억을 떠올리는 라떼가.

라떼에서 알 수 있듯이 엄마 아빠는 다 한때 아이였어. 하나 마나 한 얘기지만, 아이로 태어나서 살지 않고 엄마나 아빠가 될 수 있는 사람은 한 사람도 없어. 마찬가지로 아이로 태어나서 살지 않고 할머니나 할아버지가 되는 사람도 없지. 그래서 엄마 아빠, 할머니 할아버지 마음에도 어린 숨결이 고스란해. 어른 몸에도 어려서 숨바꼭질하며 뛰놀고 노래하고 꿈꾸고 사랑하던 나날살이가 켜켜이 쌓여 있다는 얘기야. 봄이 와서 꽃이 피고 싹이 돋으면 설레는 건 그런 까닭이야.

너희는 너희만 자라는 줄 알지? 아냐. 늙은이도 머리카

락이 자라듯이 하루하루 자라. 지난 걸 밀어내고 새로운 것이 나오면서 지나간 '어제'를 바로 이때인 '이제'가 이어받고, 이제를 이어받아 '아제'가 움터. 이게 삶이야. 자연스러운 흐름이지.

'아제'라는 말은 처음 만났지? 윤구병 선생님은 아제가 중국에서 들어온 '내일'을 일컫는 우리말이었을 거라고 했어. '아-'가 들어간 '아마'나 '아직'이 또렷하지 않은 것이나 일어나지 않은 일을 일컫는 말이듯, 앞으로 올 날을 아제라고 했을 거라는 말씀이야.

그러고 보니 어버이, 어른, 언니, 어제에서 알 수 있듯이 '어-'가 들어간 말은 앞선 것이나 지나간 것이고, 아이, 아우, 아제, 아직에서 알 수 있듯이 '아-'가 들어간 말은 뒤에 오는 것이나 앞으로 올 것이구나!

어른, 아이 얘기를 하다 보니 "우리는 눈을 거쳐 세상으로 나아가고 세상은 귀를 거쳐 안으로 들어온다."라는 말이 떠오르네. 자라나고 차오르는 아이들은 뛰놀면서 저를 한껏 드러내지. 눈이 밝으니 이것저것 금방 또렷하게 알아보고 빛살처럼 쭉쭉 뻗어 나가는 거야. 이와 달리 어른들은 눈과 귀가 점점 어두워져 가. 그래서 어릴 적처럼 잘 보고 잘 듣지는 못하지.

또렷하게 보고 듣지 못해서 거북하기도 하지만, 그 탓에 좋아지는 것도 있어. 나이 들었다고 다 어른스러워지는 건 아니거든. 아이 적부터 바깥으로 바깥으로만 내닫던 버릇을 내려놓기 어려워서 속이 깊어지지 않는 어른도 많아. 그런데 잘 보고 잘 듣지 못하다 보니 자꾸 틀리게 되고, 그렇게 하나둘 틀리다 보니 '내가 잘못 보고 잘못 들을 수 있구나!' 하고 깨닫게 되지.

내가 잘못 보고 잘못 들을 수도 있다고 받아들이면, 나를 앞세우기보다 너를 받아들여야 한다는 생각이 들어. 내 뜻만 박박 우기지 않고, 네가 그런 뜻을 낸 데는 그럴 만한 까닭이 있을 터이니 찬찬히 듣고 곱씹어 보겠다는 마음이 든다는 말이지. 그렇게 되면 내 말만 앞세우려 들지 않고 네 말도 새겨들으려고 하게 되어. 귀담아듣는다는 얘기야. 겪는 것이 달라지니 내 안과 밖을 더 조심스럽게 살필 수밖에 없고, 그러다 보니 귀담아듣게 되는 거야. 귀담아듣는다는 건 받아들인다는 뜻이지. 귀를 거쳐 세상이 들어오는 거야.

나도 그래. 눈과 귀에 바짝 힘이 들어가는 대신 느슨해지고 물러지니까 사람과 세상을 받아들일 수 있었지. 그때야 비로소 내가 너보다 낫다는 생각을 내려놓을 수 있었어. 동전 앞뒤가 붙어 다니듯이 좋은 것과 나쁜 것은 꼭 따라붙어. 어차피 주어진 거라면 기꺼이 받아들여서 누려야 섭섭하지 않아. 그러니 어느 한쪽으로 쏠리지 말고 양쪽을 다 보길 바라.

열심, 한심

"으이구, 한심한 녀석!"

뭔가를 영 엉터리로 했거나, 바라는 만큼 이루지 못했을 때 이런 말 들은 적 있지? 엄마나 아빠가 이런 말로 네 마음을 아프게 한 적이 있는지도 모르겠다. 가끔은 너 스스로 '나는 왜 이렇게 한심할까?' 하고 꾸짖기도 할 거야. 하기로 마음먹은 일을 하지 않았거나, 해서는 안 되는 일을 했을 때 말이야.

한심하다는 말을 듣거나 떠올렸을 때, 우리는 그 말이 나오게 된 까닭이 된 짓을 그만두고 이제는 공부나 운동처럼 앞날에 힘이 되어 줄 거라 여겨지는 짓을 열심히 하겠다고 다짐하지.

그런데 아니? '한심'이 빠진 '열심'은 위험할 수도 있다는 것을. 열심은 더울 열(熱)과 마음 심(心)이 모여 이룬 낱말이야. 무언가를 부지런히 하느라 마음이 땀이 날 만큼 데워졌다는 뜻이지. 그리고 '더울 열'은 불을 들고 숲을 불사르는 모습을 본떠 만든 글자라고 해. 열심에는 곁눈질하지 않고 바지런히 힘쓰다가 마음이 더워진 것을 넘어서 마음에 불이 났다는 뜻도 담겨 있다는 얘기야.

감기에 걸린 적 있지? 감기에 걸려 체온이 1도나 2도만 높아져도 몸이 펄펄 끓고 머리가 아파서 견디기 어렵잖아. 그럴 땐 어떻게 해? 병원에 가서 열 내리는 주사를 맞고 해열제도 받아 먹지? 얼음찜질도 하고. 우리 몸은 너무 식어도 견디기 힘들고 너무 더워도 견딜 수 없어. 그러니까 뜨거우면 식혀야 하고 너무 식으면 따뜻하게 덥혀야 해. 그래야 살 수 있어. 여름 한낮에 뜨겁게 내리쬐인 햇볕으로 달아오른 땅을 이따금 소나기가 식혀 주고, 낮에 이어 밤이 오기에 우리가 여름을 날 수 있듯이 말이야.

마음도 몸과 마찬가지야. 무엇을 하느라 뜨거워진 마음에도 소나기가 내리고 밤이 와야 해. 나는 그 소나기와 밤이 한심이라고 생각해. 한심은 차가울 한(寒)과 마음 심(心)이 모여 이룬 낱말로, 뜨겁게 달아오르던 마음을 서늘하니 식힌다는 뜻이야. 한가할 한(閑)과 마음 심(心)이 어울려 빚은 한심도 있는데, 쫓기지 않고 넉넉하니 누린다는 말이지. 나는 이 두 갈래 한심이 같은 흐름이라고 받아들여. 뭘 하려고 들지 않고 넉넉하니 누릴 때 뜨거워진 마음을 식힐 수 있거든.

그래서 나는 길을 가다 파르라니 물오른 수양버들을 바라보거나 봉긋이 솟은 꽃잎을 누리는 것이 꿈을 이루려고 열심히 애쓰는 것만큼이나 보람차다고 여겨. 열심만 있다가 마음에 불이 나서 재만 남으면 안 되잖아! 성적이 좀 깎이더라도 때때로 한심하자.

그리고 나는 네가 얇은 냄비보다는 두꺼운 무쇠솥이 되었으면 해. 얇은 냄비에 물을 붓고 가스 불을 켜면 뽀르르 뜨겁게 끓어오르다가 불을 끄면 이내 식어 버리잖아. 그러나 무쇠솥에 물을 붓고 뭉근한 장작불을 때면 금세 달아오르지 않고 끓기까지 오래 걸리지. 그렇지만 불이 꺼져도 온기가 오래가. 이처럼 무슨 일이든지 열심히 한답시고 후끈 달아올랐다가 이내 시들해지기보다, 뜨겁게 달아오르지 않더라도 쉬이 지치지 말고 자분자분 꾸준히 하는 것이 더 좋더라.

그래서 나는 열심히 한다는 말보다 힘껏 한다는 말이 더 좋아. 힘껏 하다가 힘에 부치면 쉬었다가 힘이 다시 차오르면 또 하는 거야. 하루에 여덟 시간 가까이 잠을 자라는 말 들어 봤지? 하루 가운데 30퍼센트가 넘는 아주 긴 쉼표를 들이는 까닭은 밤에 잠을 자야 다시 힘을 채울 수 있어서야. 하루에 든 쉼표는 그뿐이 아니야. 오며 가며 경치를 둘러보고 틈

틈이 쉬거나 노는 시간도 있잖아. 그 시간을 다 빼면 하루에 공부나 일을 얼마나 하겠어. 큰소리쳐 봐야 스물네 시간 가운데 40퍼센트? 몰아쳐서 하는 시간만 꼽으면 20퍼센트나 되려나? 사실 개미들도 하루에 늘 20퍼센트만 일하고 나머지는 다 논대. 그러니 열심히 하지 않는다고 스스로 너무 나무라지 않았으면 좋겠어.

 울음

"남자가 흘리지 말아야 할 것은 눈물만이 아닙니다."

요즘에는 눈에 잘 띄지 않지만, 한때 남자 화장실 소변기 위에 붙어 있고는 하던 글귀야. 나는 이걸 볼 때마다 씩씩댔지. 오줌을 바닥에 흘리지 않도록 하라는 얘기지만, 남자는 터져 나오는 울음을 삼켜야 한다며 억누르는 말이기도 하잖아. 이런 생각 때문에 '바보같이 눈물을 흘리다니 무슨 꼴이람.' 하면서 제 머리통을 쥐어박은 사람이 적지 않았을 거야.

퍽 오래전에 본 축구 다큐멘터리가 떠올라. 1982년 피파 월드컵 4강 경기 얘기였지. 연장전 전반에 두 골을 넣은 프랑스는 서독(독일이 동서로 나뉘어 있을 때 서쪽 독일)을 3 대 1로 이기고 있었어. 프랑스 선수들은 모두 '이제 결승전만 남았다!' 하고 생각했어. 그런데 서독이 두 골을 넣어 동점으로 연장

전이 끝났고, 이어진 승부차기에서 마침내 서독이 이겼지.

어깨를 늘어뜨린 프랑스 선수들은 애써 아무렇지도 않은 낯빛으로 경기장을 빠져나갔어. 이어 멀리 탈의실 모습이 비치면서 "우리는 모두 탈의실에 들어서자마자 씻을 생각도 하지 못하고 바닥에 주저앉아 아이들처럼 엉엉 한참을 울었다." 하는 말이 흘러나와. 절로 터져 나오는 눈물은 축구 국가대표 선수도 어찌할 수 없었던 거야. 그러니 울음 앞에서 남자 여자 나누는 게 무슨 쓸모가 있겠어!

집을 짓는다고 하지 않고 '빚는다', '다듬는다'라고 하던 건축가 김중업은 "집엔 울고 싶을 때 가서 기둥을 얼싸안고 울 곳이 있어야" 한다고 했대. 울음터가 있어야 한다는 얘기야. 충무공 이순신 장군도 많이 울었대. 어머니가 돌아가셨을 때나 아들이 전사했을 때 목 놓아 울었지. 칼을 벼리는 대장장이가 사는 뒷방이 이순신 장군 울음터였다고 해.

'울다'에는 눈물을 흘린다는 뜻과 소리를 낸다는 뜻이 함께 있어. 우리는 언제 울까? 영화를 보거나 음악을 듣고 가슴이 떨릴 때 눈물 난 적 있지? 또 가까운 이가 목숨을 잃을지도 모르는 병에 걸리거나 죽었을 때 안타까움에 마음이 떨리며 눈물이 나기도 해. 거꾸로 벅차게 기쁜 일이 있을 때도 온몸이 떨리며 눈물을 흘리지. 떨린다는 건 울린다는 말이야. 종을 치면 종이 떨리면서 종소리가 울리잖아. 떨림은 울림이고, 울리면 울음이 나오는 셈이지.

어느 물리학자는 온 우주가 떨고 있다고 얘기했어. 가만히 있다고 생각하겠지만 우리도 늘 떨고 있다는 뜻이야. 떨고 있는 우리가 우는 건 마땅한 일이면 일이지 이상한 일은 아니겠지? 그러니 속이 꽉 막힌 느낌이 들 때 다른 사람 눈치 보지 않고 한바탕 시원하게 울어도 좋아.

이름

이름은 '이르다'에서 왔어. '이르다'는 '무엇이라고 하다'란 말이야. 또 '어디에 다다르다'란 말이기도 해. 그러니까 내 이름은 내가 누구라고 하는 말이면서 내가 다다라야 할 곳, 갈 길이라고 할 수 있어.

스스럼없이 이름 부를 수 있는 사이라면 서로에게 이른, 서로에게 가닿은 가까운 사이라고 해도 되겠지? 내가 네 이름을 부를 수 있는 건 네가 내게 곁을 내주었기 때문이야. 네가 내 이름을 부를 수 있는 것도 내가 네게 곁을 내준 탓이고.

내 이름은 택주야. 못 택(澤)과 두루 주(周)를 골라 아버지가 지어 주셨지. '못 택'에는 '못, 빛나다, 풀리다, 버리다, 기꺼워하다'란 뜻이 있어. '두루 주'에는 '두루, 골고루, 참, 에워싸다, 더할 나위 없다, 가까이하다, 건지다, 알맞다'란 뜻이 담겼고. 좋은 뜻을 담아 지었을 테지만 아버지가 살아 계실 때 묻지 않았으니 이 가운데서 어떤 뜻을 가려 담았는지 알 길이 없어. 그래서 내 깜냥으로 '세상에 두루 연못을 파서 연꽃 피우는 일을 하는 사람'이라고 풀이했지. 꼬마평화도서관이란 이름을 앞세우고 모래 틈에라도 들어갈 만큼 아주 작은 평화도서관을 열러 다니고 있으니, 뜻하지 않게 이름에 버금가게 살아간다고 할 수 있으려나?

이한주 시인은「이름」이라는 시에서 메아리처럼 나지막이 들려서 모든 이와 금방 가까워질 수 있는 이름 어디 없을까 하고 읊어. 이 시를 보면서, 노래하듯이 나직나직 고즈넉이 다가오는 이름이라면 더할 나위 없이 좋겠다는 생각이 들었어. 인디언들 이름처럼 '구르는 천둥', '얼굴에 내리는 비', '빗속을 달려', '돌개바람 쫓는 이'와 같다면 바로 알아들을 수 있으려나? 우리 이름도 슬기, 나래, 누리, 단비처럼 한자 대신 쉬운 우리말로 지으면 금방 알아듣고 뜻을 나눌 수 있어 더 좋을 것 같아.

나는 오랫동안 이름을 지어 부르는 건 사람들만 할 수 있다고 여겼어. 그런데 코끼리도 서로 이름을 부른다더라. 우리와 똑같이 말을 할 때마다 이름을 부르진 않고 어른 코끼리가 어린 코끼리를 부를 때나 멀리 있는 코끼리에게 얘기하려고 할 때 자주 이름을 부른대. 신기하지? 코끼리도 이름

지을 때 사람처럼 바라는 바를 담아서 지을까?

미국 부통령이던 카멀라 해리스 어머니는 인도 사람이었어. 인도 귀족 브라만이었지. 그러나 성차별을 견디다 못해 열아홉 살 어린 나이에 홀로 미국으로 건너갔어. 어머니는 카멀라에게 늘 이렇게 말했대. "남이 나를 이름 매기도록 두지 마라. 스스로 '난 이런 사람이야!' 하고 보여 줘."라고.

네 이름에는 어떤 뜻이 담겨 있어? 그리고 네 이름에 어떤 뜻을 담고 싶어? 네가 보여 주고 싶은 너는 어떤 사람이야? 네가 바라는 뜻을 담아 네 이름을 새로 짓고, 어떻게 하면 그 이름에 가닿을 수 있을지 곰곰 생각해 보자.

일

사람들은 일하려면 직업을 가져야 한다고들 말해. 직업은 자리를 뜻하는 직(職)과 일을 뜻하는 업(業)이 모여 이룬 낱말이야. '어떤 자리에서 하는 무슨 일'이 직업이란 얘기야.

그런데 우리는 직업 얘기를 하면서 자리만 떠올릴 때가 많아. 하는 일이 무엇인지에는 신경을 덜 쓰고 어디에서 일하는지에 더 마음을 쏟는다는 얘기야. 그래서 이름만 대면 다 아는 그런 회사에서 일하려 들고, 이름난 회사에서 일하면 어깨를 으쓱하고 그렇지 않은 회사에서 일하면 저도 모르게 움츠러드는 사람이 적지 않아.

그러나 일 잘하는 사람들은 달라. 어느 자리에서 일하든, 맡은 일을 이제까지와는 다른 눈길로 바라보고 새롭게 만드는 데 온 마음을 기울이지. 다른 사람들은 하나도 의심하지 않고 이제까지와 똑같이 하는 일도 이런 사람들은 그냥 하지 않고서 들여다보고 또 들여다보지. 그렇게 해서 무엇을 지키고 무엇을 버릴지, 어떤 것을 더 낫게 할 수 있는지 찾아내어 새롭게 만드는 거야.

이처럼 이미 있던 것을 싱그럽게 가다듬으려면, 먼저 내가 끌리는 일이 무엇인지 알아야 해. 여러 번 봐도 끊임없이 재밌는 영화가 있듯이, 끌리는 일은 들여다보고 또 들여다봐도 다시 들여다보고 싶어지거든.

너는 네가 뭘 좋아하는지 벌써 알고 있다고? 그럴지도 모르지만 아마 아닐걸? 내가 끌리고 설레는 어떤 것, 나를 신바람 나도록 하는 그것, 지지치 않고 길게 좋아할 수 있는 무엇, 하다가 지쳐 쓰러졌다가도 다시 하고 싶어서 벌떡 일어나게 하는 것을 만나기란 그리 쉬운 일이 아니거든. 어른들 가운데도 그것을 찾지 못한 사람이 훨씬 더 많을 거라고 큰소리칠 수 있어.

이렇게 마음 내키는 일, 설레고 끌리는 일을 찾았다면 네 실력은 쑥쑥 자라날 거야. 재밌게 보던 드라마가 끝난 뒤 다음 편이 보고 싶어서 어쩔 줄 몰라 했던 적 있지? 마음 끌리는 것을 다룬 유튜브 영상을 엄마 아빠 몰래 거듭 찾아서 본 적도 적지 않을 테고. 설레고 끌리는 일을 만나는 것도 이와 같아서 한번 마음이 가면 다시 보고 또 보게 돼. 보고 또 보면 달리 보이는 것이 나오고, 달리 보이면 그 까닭을 묻게 되지.

그러다 웬만해서는 답이 보이지 않는 어려운 물음에도 맞닥뜨릴 거야. 그래서 지쳐 쓰러졌다가도 다시 하고 싶어서 벌떡 일어나게 하는 일을 만났다면, 힘들어서 잠시 쉴지언정 다시 묻고 답하기를 그만두는 일은 없어. 그렇게 묻고 답하기를 되풀이하다가 뒤돌아보면, 네가 걸어온 길은 이제까지와 다른 새로운 길이 되어 있을 거야.

아기는 3000번이나 넘어진 끝에 비로소 걷게 된대. 그러니 잘못되는 걸 두려워 말아. 넘어지고 일어서기를 되풀이하는 사이에 다릿심이 세어져서 다리를 네 뜻대로 놀릴 수 있게 될 테니까. 네가 하는 일에서 틀어진 것과 엇나간 것을 찾아 바로잡고, 나아갈 길을 찾아 걸음을 내딛는 힘을 갖추게 될 테니까.

있다, 없다

'없다'는 어디서 왔을까? 엉뚱하게 들릴지 모르지만 '있다'에서 왔어. 우리는 눈에 보이던 것이 보이지 않으면 없다고 해. 손에 닿던 것이 닿지 않아도 없다고 하고, 들리던 것이 들리지 않거나 냄새나던 것이 나지 않아도 없다고 하지. 그런데 본디 없던 거라면 어떨까? 없다는 걸 알 수 없으니 없다는 생각이 일어나지 않고, 없다는 생각이 없으니 없다고 말할 일도 없겠지? 그러니 없다는 있다에서 온 거야.

아니라고? 세상에 없던 것을 있게 만든 사람들도 있으니, 있던 게 없어지지 않아도 없다는 생각을 할 수 있다고? 이런, 내가 한 방 먹었네. 그러고 보니 우리가 요즘 편리하게 쓰는 컴퓨터나 자동차는 오래전엔 없었구나. 그런 것을 만든 이는 '이런 게 있으면 어떨까?' 하고 먼저 생각했겠지? 이런 생각은 그런 게 없다는 걸 아는 데서 나왔으니, 이럴 때는 없다에서 있다가 나왔다고 보아야겠네.

있던 것이 사라지면 어떨 것 같아? 어떤 것은 없어진 걸 알고서 앓던 이가 빠진 듯 후련할 테고, 어떤 것은 없어진 줄 알고서 아쉬운 마음이 들겠지. 그럼 어떤 때 후련하고 어떤 때 아쉬울까? 누구나 있을 게 있거나 없을 게 없으면 좋아하고, 없을 게 있거나 있을 게 없으면 싫어해. 있을 것에는 무엇이 있을까? 배고플 때 밥, 목마를 때 물 같은 거야. 그럼 내 마음을 알아주는 동무는? 있을 것. 사랑과 아낌은? 없어선 안 될 것들. 다툼과 싸움, 아픔과 슬픔은? 없었으면 하는 것들이지.

그러면 이기는 건 어떨까? 있을 것이라고? 참으로 그렇기만 할까? 내가 누군가에게 이겼다는 건 누군가는 내게 졌다는 말이야. 나는 내가 이기면 좋고 지면 싫어. 너도 나와 마찬가지로 이기면 좋고 지면 싫을 거야. 다시 물을게. 이기는 건 있을 것일까, 없을 것일까? '남도 나와 다를 바 없다'는 생각을 바탕에 두니, 있을 것과 없을 것이 달리 보이지?

있던 것이 없어지면 자리가 비어. 가끔은 그 빈자리가 너무 커서 마음 둘 데가 없어 헤매기도 하지. 아끼던 것이나 좋아하는 사람이 없어지면 마음에도 구멍이 생긴다는 말이야. 제주 사람들은 없다를 '어시다'라고 하고 있다는 '이시다'라고 해. 여기서 '없-'은 '어시-', '있-'은 '이시-'겠지? '어시', '이시' 하니까 앞서 살펴본 '어제', '이제'가 떠오르네. 어제가 물러나면 이제가 오고 밤이 물러나면 아침이 오듯, 하나가 없어지면 다른 하나가 있지. 문 하나가 닫히면 다른 문이 열리고. 그러니 이미 없어진 것에 매달리지 말고 있는 것 가운데서 좋아할 수 있는 것을 찾거나 좋아할 만한 것을 새로이 찾자. 이제 너는 어제 너와 같지 않아.

저절로, 스스로

바다나 산 좋아해?

스마트폰 들여다보기나 컴퓨터 게임 하기를 좋아하더라
도, 가끔은 몰아치는 바닷물결을 보며 답답함을 풀고 높은
산에 올라 저 먼 데까지 바라보고 싶다는 생각이 들 거야. 우
리 몸에 본디 자연에서 살던 버릇이 새겨 있어서, 자연에서
멀어지면 다시 가까워지고 싶어지거든.

자연은 스스로 자(自)와 그럴 연(然)이 만나 이룬 낱말로
'스스로 그러하다'라는 뜻이야. 그러나 이 말은 반만 맞아. 자
연에는 '저절로 그리되는' 힘도 있어. 스스로가 '함'을 바탕에
둔다면 저절로는 '됨'이 바탕을 이뤄. 스스로 그러하기를 거
듭하다 보면 저절로 그리되는 것이 있는데, 이것을 '버릇'이
나 '길'이라고 해. 입버릇, 손버릇, 물길, 바람길 따위는 그렇

게 생겨나지.

사람도 자연이어서 저절로 되는 것과 스스로 해야 하는 것이 있어. 그 가운데 저절로 되는 것에는 무엇이 있을까? 본디 타고난 것으로 저도 모르게 내쉬고 들이쉬는 숨, 저절로 뛰는 염통, 저절로 흐르는 피, 듣고 보고 냄새 맡고 살갗에 닿는 느낌, 배고프다거나 목마르다는 느낌 따위는 저절로 주어진 것이야. 왜 저절로 주어졌을까? 배고프다거나 목마르다는 느낌, 다치면 아프다는 느낌이 들지 않으면 어떻겠어? 배고프지 않으니 먹지 않고, 목마르지 않으니 마시지 않고, 아프지 않으니 쉬지 않을 거야. 그러면 살아남을 수 없어. 저절로 되는 것은 살아가라고 우리에게 주어진 거야.

스스로 하는 것은 저절로 주어진 것 다음에 일어나. 부뚜막에 소금도 넣어야 짜다는 말이 있듯이 배고플 땐 밥을, 목마를 땐 물을 먹어야 배고프다는 느낌과 목마르다는 느낌이 풀리어. 배고프다는 어려움, 목마르다는 어려움에 맞닥뜨려서 그 어려움을 풀어내려고 밥을 먹고 물을 마시는 거야. 이처럼 스스로 하는 것은 맞닥뜨린 어려움을 풀려고 움직이는 데서 나와. 산 것은 다 '저절로' 바탕에서 '스스로' 해내면서 살아가지.

자연 하니까 '자유'라는 말도 떠오르네. 스스로 자(自)와 말미암을 유(由)가 짝지어서 이룬 자유도 자연처럼 '스스로 말

110

미암다'와 '저절로 말미암다'로 나뉘어. '함'과 '됨'이 있다는 뜻이야. 아무리 늙기 싫어도 늙고 말아. 내가 잘 살지 못해서 몸이 아플 수도 있지만 딱히 그럴 만한 것이 없는데 좋지 않을 때도 많지. 내가 열세 살 때 앓은 가슴막염은 본디 몸이 약한 내가 밴드부에 들어가 저녁까지 나팔을 부는 바람에 생겼을 거야. 내가 한 것이지. 그러나 세 살 때 앓은 소아마비는 돌림병이라 스스로 불러들였다고 보기 어려워. 그저 그렇게 된 거야.

바다거북과 우리 몸에 쌓이는 미세플라스틱은 사람들이 스스로 말미암아서 불러들인 재앙이야. 땅이 꺼지는 싱크홀도 마찬가지야. 생수를 끌어내다 보니 지하수가 말라서 물이 들어 있던 땅속 굴이 비게 되었고, 물이 아래서 받쳐 주지 않으니 무게를 견디는 힘이 약해진 땅이 무너져서 싱크홀이 생겼지. 처음에 사람들은 이럴 줄 모르고 지하수를 끌어 썼어. 그러나 이제는 플라스틱을 쓰고 생수를 파면 플라스틱 쓰레기가 땅과 물을 뒤덮고, 수많은 목숨붙이가 플라스틱을 먹고 죽어 가며, 지하수가 말라 땅이 꺼지거나 지진이 일어날 수도 있다는 것을 뻔히 알고도 눈 감고 있어. 돈 벌 생각에 눈이 먼 것이지.

우리는 스스로 말미암는 힘을 잘 써야 해. 그 힘을 잘 써서 좋은 버릇이 몸에 들면 몸이 튼튼해지고, 좋은 뜻이 마음에 새겨지면 바르게 살아갈 수 있어. 욕심에 끌려다니며 하는 그릇된 일도 멈출 거야.

참, 거짓

참과 거짓은 어째서 참과 거짓일까?

참은 '차오르다'에서 온 말로, 빈 데 없이 꽉 들어찬 것을 일컬어. 껍질 안에 알맹이가 꽉 들어찬 귤을 떠올려 봐. 군침이 돌고 기분이 좋아지지? 이렇듯 속이 꽉 차서 겉과 속이 같은 참다운 것을 우리는 높이 쳐. 그래서 '참답다', '참되다'는 물론이고 '알차다', '여물다', '영글다', '옹글다'처럼 속이 꽉 들어찼다는 말들은 좋은 것을 가리킬 때 쓰이고는 하지.

그러면 너는 언제 '참-'이 들어간 말을 써? 거짓말에 맞서는 말을 뭐라고 부르지? 맞아, '참말'이야. 참말은 있는 걸 있다고 하고 없는 걸 없다고 하며, ~인 것을 ~인 것이라고 하고 아닌 것을 아니라고 하는 걸 일컬어. 다음으로 밥을 비벼 먹을 때 넣는 고소한 것은? 맞아, 참기름. 들기름도 맛있지만,

들깨보다 더 고소하다고 여겨지는 참깨에서 짠 참기름을 들기름보다 더 높이 치고는 하지. 또 같은 조기라도 입맛에 더 잘 맞는 조기를 참조기라고 부르고, 모래와 찰흙이 알맞게 섞여서 배추나 무가 잘 자라는 흙을 참흙이라고 해. 진달래는 먹을 수 있다 하여 참꽃이라 부르고, 나물 가운데는 참나물도 있어. 먹어야 사니까 우리를 먹여 살리는 것이 쓸모 있고 알차다는 뜻을 담아 '참-'을 붙이지 않았을까?

참과 맞서는 말은 거짓이야. 거짓은 겉을 감싸는 '거죽'에서 나온 말이라고 해. 부지런히 농사지어 가을에 벼를 거두었는데 낟알은 온데간데없이 거죽인 껍질만 있다고 떠올려 봐. 몇 달 동안 힘쓴 것이 몽땅 헛일이 되었다는 생각에 힘이 쭉 빠지는 것은 둘째 치고, 당장 무엇을 먹고 살아야 할까 걱정스러워서 한숨이 푹푹 나올 거야. 거죽만 있는 낟알은 제구실을 할 수 없어. 그래서 거죽에서 나온 거짓이 겉과 속이 다른 것, 나쁜 것을 일컫게 되었지.

잠시 딴생각을 해 보자. 거죽만 있는 낟알에 쓸모가 없다고 해서 거죽을 함부로 해도 될까? 아니야. 속이 들어차려면 먼저 거죽이 있어야 하거든. 사람 몸을 둘러싼 살갗, 벼나 보리와 같은 낟알을 둘러싼 껍질, 게나 새우 겉에 있는 딱딱한 껍데기가 없다면 어떻게 될 것 같아? 우리에게 살갗이 없다면 늘 피를 흘리고 바이러스와 같은 것에 끊임없이 시달려서 살아갈 수 없을 거야. 껍데기가 없는 게나 새우도 마찬가지야. 낟알이 영글 수 없으니 벼나 보리도 목숨을 이어 나갈 수 없지. 낟알은 다음 싹을 틔울 씨앗이니까.

다시 돌아와서, 겉보기에는 알차 보였는데 알고 보니 속이 비어 있거나 겉과 속이 달랐을 때도 우리는 거짓이라고 해. 나아가 있는 걸 없다고 하거나 없는 걸 있다고 하며, ~인 것을 아니라고 하거나 아닌 것을 ~인 것이라고 해도 거짓이라 하지. 그럴 때 우리는 속았다고 생각해.

마지막으로 '빔'도 살펴보자. 빔도 거짓처럼 참에 맞서는 말이야. 어쩌면 참에 맞서는 말은 거짓이 아니라 빔인지도 몰라. 속이 꽉 찬 것과 맞서는 건 속이 텅 빈 것이잖아. 그래서 나는 참말이라고 하면 거짓말보다 '빈말'이 먼저 떠올라. 그렇지만 우스갯소리처럼 헤식은 말을 일컫는 빈말은 사람 사이를 따뜻하게 만들곤 하지.

처음

네게 또렷하게 남은 처음은 뭐야? 처음 헤엄친 일? 놀이공원에 처음 간 날? 아니면 처음으로 탄 비행기?

나는 학교에 처음 간 날을 또렷하게 기억해. 나는 동무들과 함께 학교에 다니지 못할 뻔했어. 다른 아이들은 여덟 살인데 나는 일곱 살이었거든. 그래도 가만히 있을 수 없었어. 학교에 보내 달라고 어머니 아버지를 졸랐지. 여덟 살이 되어야 학교에 갈 수 있으니 참으라고 하셨지만 마구 떼를 썼어. 몇 날 며칠을 밥도 먹지 않고 졸랐어. 하는 수 없이 아버지가 구청으로 달려가, 출생신고를 늦게 해서 나이가 줄었으니 제 나이에 맞게 취학통지서를 내어달라고 거짓말을 하셨지. 내가 아버지를 거짓말쟁이로 만들고 만 거야. 그렇게 해서 취학통지서를 받았어. 나는 뛸 듯이 기뻤지. 입학식을 하루 앞둔 날 밤에는 가슴이 두근거려서 잠을 이루기 어려웠고, 학교에 첫발을 내딛던 날에는 기쁨으로 가득 찬 마음이 커다란 풍선처럼 부풀어 하늘로 날아오르는 기분이었어. 근데 공부는 어렵더라.

초등학교에 들어갈 때와는 달리 사회에 첫발을 내디딜 때는 몹시 두려웠어. 세상 거친 물결을 헤치고 나아갈 마련이 되어 있지 않았거든. 세 살 때 소아마비를 앓아 오른 다리를 절던 나는 열세 살 먹던 해부터 다섯 해 동안 병치레하다가 키 165센티미터에 몸무게 47킬로그램으로 세상과 맞닥뜨렸어. 막막해서 앞이 보이지 않았지. 그런데 나만 앞이 보이지 않고 서툴렀던 건 아니더라고. 다른 사람들이 하는 얘기를 들어 보니 힘이 있거나 없거나, 공부를 더 했거나 덜 했거나 가릴 것 없이 처음엔 누구나 서투르고 힘들었대. 그걸 모르고 나만 삶이 버거운 줄 알았지 뭐야.

서툰 일을 하려다 보니 모르는 게 많았어. 이건 어째서 이렇게 해야 한다는 걸까? 저건 또 왜 저렇게 하라는 거지? 묻고 또 묻고 책도 들춰 보면서 한 발 한 발 내딛었지. 그러면서 '아하, 이런 뜻이 담겼구나!', '저런 까닭에 저렇게 해야 했구나!' 하고 알아차리기도 했지만, 모르고 그냥 넘어가는 일이 훨씬 더 많았어. 그렇지만 알고 하든 모르고 하든, 하다 보니 몸과 마음에 차츰 길이 들었지.

이제 할아버지가 된 나는 날마다 처음을 불러오려고 해. 맨날 움직이던 대로, 맨날 생각하던 대로 하지 않고 다르게 새롭게 하면 그것이 처음이라고 여기고 날마다 묻고 또 묻지.

'평화로워지려면 어떻게 해야 할까?'

'이렇게 아파도 하루를 한껏 누릴 수 있을까?'

'여자가 남자보다 품삯을 30퍼센트나 덜 받는 까닭이 뭘까?'

'사람에겐 인권이 있고 짐승에겐 동물권이 있는데, 물건은 함부로 다뤄도 되나?'

'AI에도 마음이 있을까?'

처음은 서툴고 힘겨울 수 있어. 그렇지만 날마다 처음과 마주한다면 날마다 새로 피어나는 거야. 지겹고 따분할 일 없이 알고 싶고 해 보고 싶어 눈을 반짝거리며 나를 점점 넓혀 나갈 수 있어.

익숙한 것을 되풀이하는 게 좋아, 아니면 설레는 것을 자꾸 만나는 게 좋아? 네가 맞이하는 오늘을 응원해.

한가위

추석이 다른 말로 뭔 줄 알아? 한가위라고 해. 그럼 한가위는 무슨 뜻일까? '가위'는 '가운데'란 말이고 '한-'에는 '환하다'와 '크다'가 담겼어. 그대로 풀이하면 '환하고 큰 가운데'인데, 한 달 한가운데가 보름이니 한가위는 '환하고 큰 보름'을 가리켜. 달리 보면, 그동안 가꾼 낟알이나 과일을 거둬들이는 가을 한복판에 있는 날이어서 한가위라고 했는지도 모르겠다.

신라에서는 한가위를 '가배'라고 했어. 유리 임금이 신라를 다스릴 때, 수도 서라벌에서는 한가위를 앞둔 음력 칠월 중순부터 팔월 중순까지 아낙들을 두 무리로 나눠 밤낮으로 실을 내어 베('천'을 일컫는 말)를 짜는 길쌈을 했어. 얼마나 짰는지와 짜임새가 얼마나 고른지를 견주어, 진 마을에서 음식

120

을 내고 잔치마당을 깔아 춤추고 노래하며 놀았지. 이때 짠 베는 나라 사람들이 고루 옷을 지어 입도록 했다고 해.

이렇게 '베'를 사람들에게 '푼' 풍습에서 '베풀다'라는 말이 나오지 않았을까 싶어. 베풂은 고려, 조선을 거치면서도 쭉 이어졌어. 이를테면 가난하여 혼인하지 못하는 사람들에게 나라에서 삼베나 무명 따위를 내어주고, 나라에 큰 힘을 보탠 사람들에게도 베를 내어줬지.

그런데 법정 스님은 베푼다는 말은 어쩐지 위에서 아래로 내려주는 것 같은 느낌이 든다고 했어. 사람에게 높낮이가 없는데 누가 누구에게 내려줄 수 있겠느냐고 고개를 흔들면서, '베풂'보다는 '나눔'이라고 하는 것이 좋겠다고 말씀했지. 그 뒤로 차츰 베푼다는 말을 쓰는 이가 줄더니 요즘에는 마주치기 어려워졌어.

한가위 즈음이면 떠오르곤 하는 생각이 있어. '한가위는 가운데 있는 날인데 나는 어디에 있을까?' 좀 엉뚱한가? 윤구병 선생님은 지구는 둥그런 구슬이어서 우리가 누구이든 어디에 있든 한가운데에 있다고 말씀했어. 둥그런 구슬 위에서는 어느 곳이든 다 한가운데니까. 어머니 지구는 사람과 짐승, 풀과 나무와 바위를 가리지 않고 다 가운데에 두고 떠받들고 있어. 그리고 어머니 지구와 우리는 떼려야 뗄 수 없는 사이야. 지구가 낸 내가, 지구가 낸 것을 먹고 마시며 살아가지.

그렇다면 이 글을 사이에 두고 마주하는 나와 너는 어떤 사이일까? 어쩌면 너는 이 글을 읽다가 마음에 걸리는 글귀를 만나게 될지 몰라. 그 글귀는 네 안으로 들어가 마음을 울리거나 물음을 낳겠지. 그렇게 오랫동안 너와 함께하게 되면 너를 이루는 작은 조각으로 자랄 거야. 내 글귀가 너를 이루니 내가 너를 이루는 셈이라고 봐도 되겠지?

나도 그래. 네게 보여 주려고 이 글을 쓰면서 일어나는 생각을 길어 올려 거듭 살피지. 어떻게 써야 네가 하품을 덜 할까 머리를 굴리고, 어떤 뜻을 나누어야 네 마음이 울릴까 생각하지. 그러면서 다듬어진 생각이 나를 이루어. 아직 너를 만나지 못했지만, 너를 떠올리는 것만으로도 네가 내 안으로 들어온 셈이야.

이리 보니 내가 네 안에, 네가 내 안에 있네! 내가 너를 이루고, 네가 나를 이루네! 이런 뜻에서 한가위를 너를 내 가운데에, 나를 네 가운데에 들여 함께 어울리는 때라고 받아들이면 어떨까?

우리가 마주하는 날을 손꼽아 기다릴게.

힘껏

"공부 열심히 해라."

어른들에게 자주 듣는 말이지? 말만 들어도 목덜미가 굳고 속이 답답하다고? 공부만 하라고 하지 말고 게임도 열심히 하라고 하면 좋겠다고?

우리는 제게 주어진 일을 열심히 해야 한다고 여겨. 학생이면 공부를 열심히, 직장인이면 일을 열심히, 운동할 때는 운동을 열심히 해야 한다고 저도 모르게 마음을 다잡는 거지. 열심히 하라는 말은 '뜨거운 마음으로 젖 먹던 힘까지 다 쏟아내어' 하라는 말이야. 젖 먹던 힘까지 다 쏟아내면 어떻게 될까? 몸과 마음에 힘이 하나도 안 남아 죽을지도 몰라.

나는 열심히 하라는 얘기를 들을 때마다 '존 헨리 잣대'가 떠올라. 셔먼 제임스라는 학자가 존 헨리 마틴이라는 사람을 만나. 1907년에 태어난 존 헨리 마틴은 가난을 넘어서려고 허리띠를 졸라매고 죽도록 열심히 일했어. 그리하여 마흔 살에 9만 평이 넘는 밭을 가질 수 있었지. 그러나 이때부터 고혈압과 관절염, 위궤양에 시달렸어. 셔먼은 존 헨리를 가난과 싸워 이겼으면서도 진 사람이라고 봤지. 그리고 '뜻대로 일이 풀리지 않으면 도리어 더 열심히 한다', '삶은 내가 애쓰기 나름이다' 하는 따위 말에 얼마나 따르는지를 가릴 '존 헨리 잣대'를 만들었어. 이 잣대에서 높은 점수를 얻은 사람은 몸이 튼튼하지 못하다고 해.

1997년, 미국 피츠버그 지역 신문에 감기 임상 시험을 함께할 사람을 모으는 광고가 났어. 어째서 어떤 사람들은 더 쉽게 감기에 걸리는지를 밝히려는 이 시험에서, 조지아 대학교 진 브로디 박사는 뜻한 바를 이루려고 지나치게 애쓰는 사람이 훨씬 쉽게 병에 걸린다는 것을 알아냈어. 몸이 견딜 수 없을 만큼 힘겨운 일을 해 버릇하면 면역 체계가 망가진다는 것을 말이지. 2015년, 브로디 박사는 열심히 사는 사람들은 백혈구가 같은 또래에 견줘 일찍 늙는다는 것도 밝혀냈어. 참을성 있고, 스스로 세운 목표를 이루려고 힘쓰고, 잘못을 돌아보고 멀리 내다보며, 마음이 흐트러지지 않도록 애쓰는 사람들 얘기야. 우리가 본보기로 여길 만한 사람들이지.

가난과 차별 같은 어려움을 넘어 뜻을 이뤄 낸 사람들은 대단해. 박수를 받을 만해. 그런데 이 사람들 이야기는 어려움에 놓인 사람들을 헐뜯는 데 쓰이기도 하지. 이를테면 가난하고 차별받더라도 존 헨리처럼 이겨 내면 되는데 너는 어째서 그러지 못하느냐, 네가 게을러서 그런 것이 아니냐고 몰아치는 거야. 그릇된 세상이 빚은 일까지 몽땅 네 잘못이라고 밀어붙이기도 하고.

이런 말을 듣다 보면 뭐든 제 탓만 하게 되기도 해. 그릇된 차별을 받아도 제 잘못 때문이라 여기며 스스로 꾸짖고 나무라는 거지. 애쓰면 다 이룰 수 있다는 말은 힘이 되기도 하지만, '열심 만능주의'에 빠지면 잘 해내지 못하는 저를 탓하면서 구렁텅이로 굴러떨어질 수도 있다는 얘기야.

아무튼 열심히 하라는 말을 하도 자주 듣다 보니 저도 모르게 죽도록 하고 있다면, 앞으로는 열심히 하지 말고 '힘껏' 해 봐. 힘껏 하라는 말은 '죽도록 하지는 말고 힘닿는 데까지' 하라는 말이야. 하다가 힘에 부치면 멈추고 쉬라는 얘기니 한결 마음이 놓이지?

"오늘 하루도 욕심내지 말고 딱 네 숨만큼만 있다 오렴."

힘껏을 잘 드러내는 제주도 말이야. 물질하는 해녀들이 서로 주고받는 말인데, 물속에서 제 숨만큼만 버티라는 얘기지. 더는 버틸 수 없을 때까지 물속에 있지 말고 물 위로 올라올 숨을 남겨야 한다는 뜻이고. 이 뜻을 담아 '숨껏'이라는 새말을 만들어 써도 좋겠다. "우리 숨껏 달려 볼까?" 하고.

너도 알고 있겠지만 힘은 키울 수 있어. '힘껏'을 넓힐 수 있다는 얘기야. 몸을 놀리면서 힘을 다지면 힘이 커져. 그렇다고 힘을 키우려고 열심히 몸을 놀리지는 않아도 돼. 네가 하고 싶은 걸 하며 지내는 데 모자람이 없을 만큼만 힘살(근육)에 힘이 붙어도 괜찮아. 뭐든지 지나치면 모자람만 못하거든. 누릴 틈이 없어지니까.

힘껏을 얘기하다 보니 '한껏'이 떠올랐어. 한껏은 '할 수 있는 데까지'라는 말이야. 나는 '한껏 누리라'는 말을 즐겨써. 그 무엇도 삶을 한껏 누리기보다 좋을 순 없거든. '한껏'은 '마음껏'과 같아. 마음껏은 '마음 내키는 데까지'라는 뜻으로, 하다가 마음 내키지 않으면 하지 않아도 된다는 말이야.

네가 바라는 건 뭐야? 너는 뭘 해야 한껏 누릴 수 있겠어? 움츠린 마음을 활짝 펴고 마음껏 해 보자.

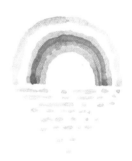

잇는 말

　이제껏 우리가 나눈 우리 말결은 한글이 있어서 이어 올 수 있었어. 글을 몰라 억울한 일을 겪는 백성들을 안타까워하던 세종 임금이 우리 말소리를 묶어 둘 한글을 펴내지 않았더라면 할 수 없는 일이지. 한글이 얼마나 고마운지 몰라.

　옛사람들은 '있다'를 '이시다'라고 했어. 그때는 우리말에 받침이 쓰이지 않아서 '이시다'라고 했지만, 받침이 쓰였다면 '잇다'라고 했을 거야. 이 바탕에서 나는 '있다'와 '잇다'가 한 뿌리에서 나온 말이라고 받아들여. '잇다=있다'라는 말씀이야. 이제 있는 '나'는 어제 있던 어버이를 이어받아 있어. 어제를 잇지 않는 이제, 오늘은 없어. 이렇게 '잇다'와 '있다'는 깊이 이어져 있지.

　엄마와 나를 잇고 여기 있는 너와 나를 잇는 것은 뭘까?

사랑이야. 사랑 없이는 어떤 것도 이어지지 않아. 그런데 그거 알아? 옛날에는 사랑이라는 말을 대놓고 하지 않았대. '사랑하다'라는 말도 '마음하다'라고 하고, '사랑하는 사람'은 '마음하는 사람'이라고 했어. '마음하다'는 마음에 들어왔다는 말이야. 요즘 말로는 '마음에 든다'라고 할 수 있겠다. 네 마음에 든 사람은 오래 가까이하며 마음에 두고 싶지? 나도 그래. 그럼 좋아하는 사람과 오래도록 가까이하려면 어떻게 해야 할까? 그 사람과 내 뜻이 닮아야 해. 둘이 뜻이 닮아지려면 참답고 좋은 뜻이 무엇인지 찾아서 함께 새겨야 하지. 그러면 함께 품은 뜻이 서로 마음을 잇는 다리가 되어 오래오래 어울릴 수 있어.

너와 나, 마주 볼 수 없어도 책을 사이에 두고 만났네. 이 책이 이어 주어서 서로 마음에 두는 사이가 되었어. 이 책이 없었다면 여태 따로 떨어진 남남으로 남았겠지만, 이제 남과 남이 너와 내가 되고, 우리가 되었어. 남과 남이 이어져 우리가 있게 된 거야. '잇다'가 '있다'인 까닭이 좀 더 와닿지?

책을 사이에 두고 만난 너와 내가 두런두런 우리말에 담긴 뜻을 나누었어. 끝까지 읽어 주어 고마워. 내가 들려준 얘기를 마음에 새겼니? 그랬구나. 그러면 이제 우리는 마음하는 사이가 되었네, 동무가 되었네! 이렇게 보람찬 일이 또 어디 있을까?

나는 이 글로 책이 끝난다고 여기지 않아. 우리가 함께 나눈 뜻을 바탕으로 겨리 네가 벼려 세운 좋은 뜻이 누군가와 이어질 테니까. 그렇게 이어져 또 다른 우리들이 생겨나고, 그 우리들을 거쳐 수많은 우리들이 다시 생겨날 테니까. 그렇게 뜻이 펼쳐진다면 이 책은 끝없는 이야기가 될 거라고 믿어.

네 뜻이 잘 펼쳐지기를! 잘 있어.

생각이 깊어지는
열세 살 우리말 공부

2025년 4월 3일 초판 1쇄 발행

글 변택주 · **그림** 이승열
편집 이기선, 김희중 · **디자인** 쿠담디자인
펴낸곳 원더박스 · **펴낸이** 류지호
주소 (03173) 서울시 종로구 새문안로3길 30, 대우빌딩 911호
전화 02-720-1202 · **팩시밀리** 0303-3448-1202
출판등록 제2022-000212호(2012. 6. 27.)

ISBN 979-11-92953-49-6 (43710)